JN156267

中村彰彦 史伝シリーズ
歴史の裏に真(まこと)あり/2

保科正之

博愛と果断の大名政治家

自由社

装丁　坂田政則

保科正之公肖像画
所蔵・土津神社
協力・会津若松市

はじめに

平成七年（一九九五）、中公新書の一冊として『保科正之　徳川将軍家を支えた会津藩主』（現在は中公文庫所収）を刊行してから、早くも二十二年の歳月が流れました。

保科正之は日本の近世初期にあらわれた巨人ですから、とても新書一冊でその人と思想、政治力について語り尽くすことはできません。そこで私は自分を「群盲、象を評す」という場合の「群盲」に見立て、連作短編小説集、長編歴史小説、新書、選書、エッセイ集といったさまざまなスタイルで正之という巨人について考えつづけてきました。

その私がまたも保科正之について本書を著す気になったのは、正之が会津藩主であり、かつ徳川四代将軍家綱の将軍輔弼役でもある人物として指導した藩政と国政には、現代政治の先を行っている点が多々あるからです。

たとえば正之は、寛文三年（一六六三）七月、貴賤男女の別なく九十歳に達した会津の領民には終生一人扶持（一日に玄米五合、年に一石八斗）を与えつづける、と発令しました。会津藩は、このときから国民年金制度（しかも掛金なし）を持つ珍しい小国家となったたのです。

しかも正之は同年同月、旅人が病みついたときは医者を呼んで治療させよ、その旅人が手元不如意（ふにょい）なら経費は藩庁が出す、という内容の、一種の救急医療制度も創出しました。

正之が会津藩内で制定した国民年金制度と救急医療制度を養老保険・傷病保険とみなすなら、これを初めて国家政策として採用したのはドイツ第二帝国のビスマルク首相、時期は一八八〇年代といわれています。それに較べて正之の右に挙げた福祉政策は、約二百二十年も早く実行されているのですから大したものではありませんか。

「百姓は生きぬように、死なぬように使え」

「胡麻（ごま）の油と百姓は絞れば絞るほど出る」

といった非人道的な表現もあったといわれる江戸時代の初期に、正之はどのようにしてこのような博愛の精神を身につけることができたのでしょうか。

本書の前半では、その謎に迫りたいと考えています。

また、正之が十一歳の幼さで将軍となった家綱を支えていた時代には、平成二十三年（二〇一一）三月十一日に起こった東日本大震災および福島第一原発事故に負けず劣らずの大災害が江戸八百八町を襲いました。明暦（めいれき）三年（一六五七）に発生した「明暦の大火」（別名、振袖火事）です。

「疾風に勁草を知る」

という成句の意味を、『故事俗信ことわざ大辞典』は左のように説明しています。

「はげしい風の吹くことによってはじめて、風にも吹き折れぬ強い草が見分けられる。転じて、苦難や事変に遭遇してはじめて、その人の意志や節操の強固さがわかるというたとえ。逆境を通してはじめてその人の真価がわかる」

一説に約十万人の江戸市民が死亡したと言われる「明暦の大火」に際し、慌てふためく幕閣たちを尻目にかけて、てきぱきと難民救援策、江戸の再興計画から犠牲者たちの慰霊までを迅速に指示していったのも正之でした。

福島第一原発が大変なことになっている、と知れたとき、当時の菅直人首相は事故発生二日目、三月十二日の早朝七時十一分になぜかカメラマンを従えて現地に到着。十五日には東京電力本社に乗りこみ、

「被害が甚大だ。このままでは日本国滅亡だ」

などと口走ったりしました。

一国の首相たる者が国民の不安を煽るようなことを軽々しく口にするのもどうかと思い

ますが、よりしてはならなかったのは十二日のうちに現地入りしたことです。たしかあのとき菅首相はヘリコプターで現地へ向かったのでしたが、もしもそのときより大きな爆発が起こり、爆風が襲ったら首相はどうなっていたことでしょう。万一、首相が不幸な目に遭（あ）った場合、日本はトップ不在のまま未曾有の大災害に向き合わねばなりませんでした。一国の首相たる者は、事態の全貌がまだはっきりしない事故現場へ急いで行ったりはせず、無駄口は慎むべきだったのです。

この菅首相に較べると、保科正之は大火が江戸城へ迫ってきて幕閣が将軍を城外のどこかへ避難させるべきだと言い合っても、まったく耳を貸しませんでした。

というのも明暦三年は由比正雪（ゆいしょうせつ）一味の幕府顛覆（てんぷく）計画（慶安（けいあん）事件）が発覚した慶安四年（一六五一）から六年目で、江戸府内にはまだその残党が潜伏しているかも知れない、との説がありました。そこで正之は、家綱を城外へ移してはならない、と落ち着いて考えたのです。

もしも由比正雪一味の残党などいなかったとしても、江戸城は天下の大乱が起こったときには将軍の本陣となる日本でもっとも重要な城郭です。将軍が火事ごときに驚いて、それこそ尻に火がついたように城から逃げ出したりすれば、鼎（かなえ）の軽重を問われたことはまず間違いありません。

しかも江戸城は双子のような造りになっていて、本丸では将軍と幕閣たちが政務をとるのに対し、西の丸には大御所（前将軍）か将軍世子が住まい、西の丸老中たちが補佐をしています。ですから本丸が炎上しはじめたら将軍以下は西の丸へ移ればよい、西の丸にも火が入ったならば、そのころすでに本丸の殿舎はすべて焼け落ちただろうから、その焼跡へ仮屋を建てて将軍にはそこへもどっていただけばよい、というのが正之の発想でした。

ともかく、将軍に迂闊な行動を強いてはならない。正之はそう思い、次々に幕閣たちに指示を下していったのでしたが、右のエピソードひとつをとっても、菅直人と保科正之という人物の格の違いは歴然としています。

正之には、現代風にいうと優れた危機管理能力が備わっていたのです。本書の後半では、「明暦の大火」前後に発揮されたこの能力について詳述し、あわせて正之の魅力ある人間性も紹介するつもりです。

〔目　次〕

第一章

信州高遠城主・仁科盛信の統治

会津藩保科家の成立

保科正之の父は徳川二代将軍秀忠、母はその秘密の側室お静の方である。本来、側室は正室の了解を得て迎え入れるものだが、秀忠は織田信長の妹お市の方の三女である正室のお江与の方の尻に敷かれていた。そこで、お江与の方に内緒でお静の方を側室とした。だから「秘密の側室」なのである。

慶長十六年（一六一一）五月七日、正之はお静の方にとっては姉婿にあたる江戸白銀丁の竹村助兵衛方で誕生。秀忠によって、幸松という幼名を与えられた。

秀忠がお江与の方を怖れていたためだろう、幸松には守り刀も与えられなければ乳母も派遣されず、母子が江戸城大奥へ迎えられることもなかった。このように薄幸な生い立ちだった保科正之の幼年時代については、前述の『保科正之』や長編歴史小説『名君の碑　保科正之の生涯』（文春文庫）などに詳しく書いておいたので今回は略し、幸松が保科正之となった背景と異母兄である三代将軍家光に欲のない誠実一途な性格を高く評価され、奥州会津藩二十三万石の初代藩主となるまでを略年表風に示しておこう。

慶長18年（1613）3月、武田信玄の次女であり、穴山梅雪の正室だった見性院のもとで育てられることになり、江戸城北の丸田安門内のその邸宅「比丘尼屋敷」に移る。見性院は幸松の姓を武田と決定、幸松によって甲州武田家を再興することを夢見る。

元和3年（1617、7歳）11月、見性院は元武田家の家臣だった信州高遠2万5000石の藩主保科正光に幸松の武将としての教育を依頼。幸松は正光の養子となって、母お静の方とともに高遠城に移る。同時に秀忠は、高遠保科家に幸松の養育料として5000石を加増したので、同家は3万石となる。

同　8年（1622、12歳）5月9日、見性院没、享年は77か78。

寛永3年（1626、16歳）9月。お江与の方没、享年54。

同　6年（1629、19歳）、幸松、養父正光とともに駿府城に異母兄（家光の弟、母はお江与の方）駿河大納言忠長を初訪問、実の父秀忠との正式な父子の名乗りの席を設けてほしい、と依頼。忠長は幸松の容儀の良さに感心する。

同　8年（1631、21歳）10月7日、養父保科正光没、享年71。11月12日、幸松、高遠3万石を相続。18日、元服して正之を名乗る。28日、従五位下、肥後守を受任。

同　9年（1632、22歳）1月24日、大御所秀忠、正之と正式な父子の名乗りなきまま没、享年54。お静の方は髪を下ろし、浄光院と称する。12月28日、正之、従四位下に昇任。

同　10年（1633、23歳）10月6日、磐城平藩主内藤政長の娘お菊の方を正室に迎える。12月、駿河大納言忠長、不行跡のために配流されていた高崎城内で自刃、享年28。駿河大納言家は一代で断絶。

同　11年（1634、24歳）この年、正之を初めて異腹の弟と知った将軍家光と親しむ。12月21日、お菊の方、男児を出産し、幼名を幸松と定める。

同　12年（1635、25歳）9月17日、母浄光院没。享年52。

同　13年（1636、26歳）7月21日、信州高遠3万石から出羽山形（最上）20万石へ転封となる。

同　14年（1637、27歳）5月14日、お菊の方没、享年19。この年、家光は正之が高遠藩保科家とはまた別に徳川家親藩の保科家を立てたことにし、保科家の重宝、系図類を正之から養父正光の弟正貞（のち上総飯野藩1万7000石の藩主）に返させる。

同　15年（1638、28歳）6月27日、長男の幸松、5歳にして夭折。

同　17年（1640、30歳）12月4日、側室お万の方（のち継室）、次男正頼を出産。

同　18年（1641、31歳）8月3日、家光の長男竹千代（のちの家綱）誕生。11月14日。お万の方、長女媛姫（はるひめ）を出産。
同　20年（1643、33歳）5月2日、幕府は御家騒動の不手際を理由に加藤明成（あきなり）から会津藩40万石を没収。同月13日、お万の方、次女中姫を出産。7月4日、会津藩23万石への転封を命じられ、同時に南山お蔵入り領5万石も預かる。8月8日、初めて若松城（鶴ヶ城）に入る。

孤独に堪えた前半生

将軍家の御落胤（ごらくいん）として生まれ、実弟忠長を死に追いやるほど憎んだ異母兄家光にも謙虚でまっすぐな気性を高く評価され、高遠三万石から山形二十万石を経て、三十三歳の若さで会津二十三万石（実高二十八万石）の大大名に出世する。

その栄達のほどは、芋虫が蛹（さなぎ）を経て美しい翅（はね）を開帳するに至る揚羽蝶（あげはちょう）の華麗な変態になぞらえることも可能であろう。

しかし、大名としての出世はひとまず措（お）いてその実人生を眺めると、正之はずいぶん寂しい前半生を送ったのだな、と感じられてならない。

幸松こと正之は、将軍秀忠の実の子だというのに江戸城へ迎え入れられず、危うく姓名のない子になってしまいそうな幼年時代を送らざるを得なかった。見性院にもらわれて名門武田の姓を受け、武田家遺臣のひとり保科正光に養子入りしてお菊の方を娶ってからも、正之は親しんだ多くの人に先立たれてしまう運命にあった。見性院、養父正光、ついに父子の名乗りをしなかった秀忠、駿河大納言忠長、母浄光院、お菊の方、長男幸松……。

相つぐ永訣は正之に深い哀しみを与えたらしく、この時代に正之が詠んだ和歌は逝きし人々に対する追慕の情にあふれている。

誠にもくるゝ夜毎に野辺にふせる枕のもとのくさの露けき

草におく露か涙か朝な〳〵さめてくやしき夜な〳〵の夢

大原の小野にはあらで鳥辺野の雪ふみわけてとふ人もがな

これら三首は三角美冬氏との共著『会津万葉集』（歴史春秋社）に紹介しておいたが、夜、床に臥せると流れ落ちる涙を「くさの露」になぞらえた第一首は、軸物に仕立てられた真筆のコピーが伊那市高遠町の歴史博物館に所蔵されている。

しかし、正之は湿気を吸いこみすぎてみずから崩れる砂糖菓子にように線の細い人物ではなかった。正之はこれらの別離の哀しみによく堪え、かつてない善政を工夫しつづける藩主へとおのれを高めていった。

そして、やがて実行に移した善政の最たるものが、「はじめに」で触れた会津藩の国民年金制度と救急医療制度となるわけである。

それにしても、正之は一体いつ、だれからこのような政治に結実する者の見方、考え方を学んだのだろうか。

正之は物心ついた七歳のときから養父保科正光をあるじとする高遠城で育ち、出羽山形へ転封する二十六歳のときまでの約十八年間の大半を高遠で過ごした。だから正之が人として成長し、大名となるに際してもっとも大きな影響を与えたのは、高遠藩保科家の士風であったと考えられる。

しかし、その保科家は、甲州武田家に仕えていた戦国時代には、武田家から派遣されて高遠城主となった者に副将格として仕える立場であった。この点に注目すると、高遠の領主としての保科家の感覚は武田家から高遠城主として派遣された者——具体的には武田四郎勝頼と仁科五郎盛信の治世を参考にして導き出された可能性がきわめて高い。

そこで本書では、武田勝頼、仁科盛信の治者としてのあり方を簡単に眺めてから、高遠藩保科家のそれへと筆を及ぼすことにしよう。

暴君・武田勝頼の苛政

武田勝頼が父信玄の指名によって高遠城主を務めていたのは、永禄五年（一五六二）から元亀二年（一五七一）までの足掛け十年間である。この期間の勝頼の統治能力について書かれた史料は管見に入らないが、天正元年（一五七三）四月に信玄が没し、勝頼が実質的に武田家の家督を相続して以降は、かなり苛斂誅求をおこなったことが知られている。

以下しばらく長谷川正次『伊那・高遠戦国史　戦旗蹂躙』から引用・紹介させていただくと、勝頼の苛政はつぎのような形でおこなわれたという。

① 天正四年（一五七六）二月、勝頼は川下郷笠原村に諏訪社への謹仕を命じ、「百姓が勤役負担を難渋した場合は、分国（武田領＝筆者注）から追放するという厳しい条件が附されていた」。

②勝頼の領国経営は次第にジリ貧になったため、天正六年（一五七八）には年貢高が上げられ、信濃検地もおこなわれて「武田氏の一元支配における百姓への徴発を一層激化」させた。

③そのため農民層は極度に貧困化し、飯嶋為方や大日方上総介の知行地、伊那郡藤沢郷の人々の逃散が起こった。すると「武田氏は百姓の逃散を権力で抑え、貢租未納で逃亡した百姓は盗賊と同じ罪とし、棟別銭（税金＝同）はどこまでも追求して徴集する」と定めた。

仁科盛信

勝頼が苛政をためらわない者であることは、天正十年（一五八二）二月、織田信長・信忠父子がついに武田攻めに踏み切り、先鋒勢が木曾谷を西から東へ抜けて武田方の伊那の支城、飯田城と松尾城を奪ったときに地元農民の口から織田家へも伝えられた。

「近年、武田勝頼は新たな課役（かやく）（税金と労役）を手前どもに申しつけたり新しい関所を設けたりするので、民百姓の悩みは尽きることがありませんでした。重罪の者からはわいろを取って罪を許したり、軽き科（とが）の者をきつく懲らしめて磔（はりつけ）に架けたり斬首したりするものですから、手前どもは嘆き悲しみ、貴賤上下ともに勝頼を疎（うと）み果てておりました」（太田牛一『信長公記』大意）

勝頼は善政をおこなわなければ、などとはまったく考えない暴君だったればこそ人望を失い、滅びの道を転落してゆくのである。

仁科盛信は領民に慕われる城主

話がやや先に進み過ぎたので、ここで勝頼が信玄のいる甲府の館へもどって二年目の天正元年（一五七三）から高遠城主を務めた仁科盛信の統治能力を押さえておきたい。

なお武田氏と保科氏との関係は、元は諏訪氏の家臣で代官などを務めていた保科正俊が、信玄が諏訪頼継を滅ぼしたとき武田氏直臣となったことにはじまる。正俊は天文十六年（一五四七）九月、武田氏より知行宛行状を発給され、弘治三年（一五五七）一月には高遠領の諸郷村より夫丸（人夫）を徴発するよう指示されている（戦国人名辞典編集委員会『戦国人名辞典』）

仁科盛信が高遠城主となったころ、保科正俊・正直父子はより木曾に近い大島城に在城していたが、天正九年（一五八一）三月、勝頼から直接命令が届いた。保科家の所領である高遠城下片蔵郷の農民たちが、三年前の増税を怒って逃散した。増税分の納入は免除にするから、その者たちを呼びもどせ、というのだ。

この命令は、片蔵郷の隣町御堂垣外にも深刻な影響を与えた。もしも逃散した片蔵郷の者たちがもどってこないと、耕作者の消えた田畑から上がるはずの年貢と夫役を肩代わりさせられる怖れがある。

さて、これを受けて保科家はどうしたか。こう書くとクイズのようになってしまうが、すでに保科家当主となっていた正直（正光の父）の考えたところはなかなかのものであった。

正直は御堂垣外を知行地とする宮内左衛門に対し、同郷の年貢を「半作上納」（平年の半分にする代わりに、組頭以上の農民たちが片蔵郷から消えた者たちの夫役を負担するよう申し入れたのである（『伊那・高遠戦国史　戦旗蹂躙』）。

これは仁科盛信の了解事項でもあったはずだから、盛信とその副将格の保科正直のコンビには、勝頼にはなかった領民への優しさが感じ取れる。

なお私は、盛信が高遠の領民たちにいかに慕われていたか、という点について「武田家の『五郎さま』と高遠の美談」というエッセイを書いたことがある。（『歴史の坂道　戦国・幕末余話』中公新書ラクレ）。ここでは盛信の統治能力の一端を知るためにその一部を引用する。


勝頼は猪突猛進タイプの武将で思慮に欠けるところがあり、甲軍と総称される武田勢を統治する能力を持ち合わせていなかった。対して仁科盛信は信玄の子であることを鼻に掛けたりする性分ではなく、領民たちに向かっても偉ぶった態度は取らなかった。

この盛信は受領名（ずりょうめい）を薩摩守（さつまのかみ）といったので、地下（じげ）の者たちがかれに呼びかけるときは、「薩摩さま」「御城主さま」といった表現を使うべきであった。しかし高遠の領民たちはそうせず、盛信に「五郎さま」と呼びかけるのをつねとした。五郎という幼名で呼んだのは、盛信がこう呼ばれても怒ったりしない性格であり、領主と領民たちとが和やかな関係にあったためでもある。

その勝頼・盛信兄弟に危機が迫ったのは、天正十年（一五八二）二月、木曾福島城主木曾義昌、飯田の松尾城主小笠原信嶺らが当主勝頼を見限って織田信長・信忠父子に通じたときのこと。東美濃から木曾谷を越えて伊那谷へ侵入した信忠軍は五万、信長軍は七万の大軍であり、飯田城その他を守備する甲軍は一斉に逃亡して高遠城がこれらの敵を一手に引き受けることになったのだ。

時間の流れに従って述べると、三月二日、高遠合戦が起こって仁科盛信軍はほぼ全滅。一日には従者が四十一人しかいなくなっていた勝頼も正室北条夫人とともに田野で自刃し、武田家はついに滅亡となる。最期まで勝頼の供をしたのがわずか四十一人だったのは、かれを将たる器に非ずと見て勝手に退去した者がいかに多かったかを物語っている。

これに較べると、世にいう高遠合戦は守る仁科軍の健闘がめだった。仁科軍三千の兵力のうち、戦死者は二千五百八十余人。織田信忠軍五万のうち、戦死者は二千七百五十余人、手負いはその数を知らず（『晴清忠義伝』）。仁科軍の将兵は飯田城の守兵たちのように風を喰らって逃げようなどとは思わず、ひとりがひとり以上の敵を討つ気の吐きようだったのだ。

この高遠合戦の詳細は平成二十八年四月に出版する長編小説『疾風に折れぬ花あり　信玄息女・松姫の一生』（PHP研究所）にゆずり、信忠軍が諏訪方面へ移動してからの高遠領民たちの動きに目を移そう。つぎの引用文中の「山登り」とは、家から山へ逃れて戦火を避けていた、という意味である。

「山登りして居たる近里遠村の百性（百姓）ども、我も〱と山より下りて高遠城に来り、御死骸を取納む。勝間村の百性ども、一番に来りける。城は板町村の地なれば、板町村の百性と勝間村の百性、互いに葬地を争ひける。勝間村一番に来りければ争ひ（に）勝て、村の畑の中へ葬ける。送葬の百性共四、五十人、泣悲て帰りける」（『晴清忠義伝』、注と句読点は筆者）

領主が年貢率を勝手に上げたりその徴収が厳しすぎたりすると、百姓一揆が起こる。それとはまことに対照的に、高遠合戦がおわって信忠軍が去ったと見るや、一斉に城をめざして盛信以下の戦死者たちの遺体収容と葬送を粛々とおこなったのである。

盛信は「五郎さま」と幼名で呼びかけられるほど、領民たちから慕われていたと前述した。勝間村と板町村の者たちが自分たちの村に埋葬するといって争論までしたとは、盛信が年貢率を低く抑え、労役を課すことも控えめにするなど、民に優しい政治をおこなっていた証拠であろう。

ちなみに私がよく引く吉田東伍の『増補　大日本地名辞書』の第五巻「高遠」の項の「補」

の部分には、左のような一文がある。

「城跡の南に五郎山あり、信盛（盛信）を葬る所なり」

仁科五郎盛信の遺体が埋葬された高みは、当時の高遠の人々がかれを「五郎さま」と呼んだ習慣にもとづき、今も五郎山と呼ばれているのだ。


右に見た高遠合戦の際、保科正直は飯田城の守将のひとりとなっていた。だが、城兵たちが戦わずして潰走したため、松本方面に潜伏した（長谷川正次氏の説）。おなじ天正十年六月二日、本能寺の変が発生して織田信長・信忠父子が自刃し、信州も大混乱に陥ると、その隙を突いて高遠城の回復に成功。十月二十四日には徳川家康から伊那半郡二万五千石の宛行状を受け、徳川家の大名として同地方を領有することを認められた。

保科正直が御堂垣外の年貢を「半作上納」としたことと仁科盛信と領民たちの和やかな関係は、民に優しい統治、という点で方向性をおなじゅうしていたと考えられる。

このことを念頭において、高遠藩保科家の藩政の特徴を見てゆこう。

第二章

信州高遠藩・保科家の民政

年貢を返却する保科正光

ここで保科正光とその養子となっていた正之が高遠藩でどのような藩政をおこなっていたかを押さえておきたいところだが、いい史料がない。

それはひとつには、保科家が天正十八年（一五九〇）八月から慶長五年（一六〇〇）十一月まで下総多古藩一万石に移封されており、高遠に不在だったためであろう。

高遠二万五千石の城主だった保科正直が、多古一万石と一万五千石も削られたのは、一見すると左遷人事のようである。しかし、そうではない。

高遠合戦から三カ月後に信長・信忠父子が自刃すると、その年のうちに羽柴秀吉が事実上の天下人となったことはよく知られている。徳川家康はその秀吉の大軍と、天正十二年（一五八四）四月に尾張の小牧・長久手で対決。よく勝ちを制したため、秀吉にとっては目の上の瘤のような存在となった。

その後関白に就任し、豊臣姓に変わった秀吉は、天正十八年（一五九〇）七月に小田原北条氏を滅ぼすと、八月には家康をそれまでの領国（駿河・遠江・三河）から関八州へ移封した。保科正直は家康の異父妹多却の方を正室に迎えるなどして徳川家譜代の大名となっていたが、高遠をふくむ信州は家康の領国とはされなかったため、領国のひとつである下総の多古藩に移されることになったのだ。

保科正直は、なおも多古藩主であった慶長五年の関ヶ原の合戦前後に引退。長男正光が保科家を相続して肥後守（ひごのかみ）の受領名を名乗り、高遠二万五千石へ復帰した。

これはおそらく家康が関ヶ原の大一番に勝ちを制して天下人となり、信州にも独自の判断で大名を置くことが可能になったため、越度（おちど）のないまま多古一万石とされていた保科家を元の石高にもどして旧領に復帰させたのである。

保科正光（高遠藩主、正之の養父）

正光は高遠城に還ってから十七年目にお静の方・幸松母子を迎えたわけだが、幸松はただの養子ではなく主筋である将軍家の御落胤だけに正光は気を配り、用があるときにも「幸松殿」と殿文字つきで呼びかけた。

ただし正光は信州人らしく筋を通す人物で、家臣たちには遺言代わりに左のように命じてあった。

「幸松殿は二十までの内は、町人百姓以下の仕置（しおき）（取

り扱い方)、われら在世の時分に相替えざるべく申しつくる旨」(『家世実紀』第一巻。原文は和風漢文、読み下しと注は筆者)

この記述によれば、正光が高遠藩主だった時代と幸松あらため正之が同藩を相続していた寛永八年(一六三一)十一月から同十三年(一六三六)七月までの高遠藩保科家の「町人百姓以下の仕置」は、税率などもふくめて不変だったと考えてよさそうである。

しかし、北原通男『信州高遠藩史の研究』は、

「この間領内の貢租については、割付状も免定(税率の決定書)も残っていないので、これを知ることはできない」

と断定的に述べている。

それでも当時の藩政を類推する余地はあり、右の研究書は『保科御事歴』という史料の一部を引用している。

保科正光は関ヶ原における徳川軍に加わったあと、いったん多古へ帰陣。まもなく越前北ノ庄城の城番を務めている間に、高遠へ復帰するよう命じられた。そこで正光は自分が不在の間に多古から高遠へ移る者があらわれると、長旅の途中に困窮することもあり得ると考え、多古にいる家臣松沢喜右衛門に書面で指示するところがあった。

その書面（和風漢文）の全文が「新編信濃史料叢書」所収の『保科御事歴』中に活字化され、北原通男氏がその一部を自著に引用した、という順序である。

ここでは意味のつかみにくいところのある原文を提示することは控え、同氏の現代語訳を紹介しよう。

「武士の家族が（多古から）高遠に移れば食糧など不足すると思うから、前借して与え、下々には夏年貢の麦を与えよう」

北原氏がこのあとに自身の所感として、

「正光は高遠で育った武士で郷里には知人も多く、土地のなじみも多いので、課税など寛大だったようである」

と書いているのはもっともである。藩士とその家族のために食糧代を前借りして与え、士分以外から高遠へ移住同行する者たちには「夏年貢」を放出せよ、と命ずる藩主は、まだ戦国の余燼の中に生きていた武将たちには珍しい存在であったに違いない。

「早く最上の肥後様へ」

以上のような流れを前提として正之の高遠藩政を見てゆきたいが、前述したように史料がない。

しかし、正之が山形最上(もがみ)へ去った後、その山形から三万二百石の格式で高遠入りした鳥居家がかなりの苛政をおこなって高遠領民たちに毛嫌いされたことはよくわかっている。正之が藩主だった時代を懐しんだ領民たちは、磨臼(すりうす)で籾(もみ)を脱穀しながら歌った

今の高遠でたてられやうか早く最上の肥後様へ(『千載之松(ちとせのまつ)』)

これは、つぎのような意味である。

「鳥居家がやってきてから種々の新税を作って取り立てるので、もはや高遠では暮らしが立ちゆかない。早く最上の肥後さま(正之)のもとへゆこう」

仁科盛信が「五郎さま」と呼ばれていたのに似て、正之は領民たちから「お殿さま」「肥後守さま」ではなく「肥後さま」と呼ばれて慕われていたのだ。○○守という受領名から守を省略して呼ぶのは親愛の情の表現である。

対して高遠入りした鳥居家の当主は、どんな人物だったのだろうか。高遠藩鳥居家は二代でおわるのだが、初代忠春、二代忠則の順に『三百藩藩主人名事典』第二巻「高遠藩」の項(小

林計一郎執筆）から要点をピックアップしてみよう。

「鳥居忠春（とりい・ただはる・一六二四〜一六六三）（略）

（略）最初政治に熱心であったが、次第に乱行に陥り、忠言した重臣七人を手打ちにした。また、承応三年七月、忠春の圧制により三千人の農民が天領へ逃散したという（『徳川実紀』）が疑問である。（略）寛文三年八月、大坂城山里丸加番を命じられ、鐘町の宿舎にいる時、日頃反感を抱いていた侍医松谷寿覚に切り付けられ、その傷がもとでその地で死んだ」（傍点部分については後述）

「鳥居忠則（一六四六〜一六八九）（略）

（略）寛文三年十月九日就封。十八歳。（略）財政難に苦しみ、松本・木曾等の商人から借金を重ねたが、貞享四年十二月、松本商人仲田八郎兵衛らから、借用金三百二十両を返さぬなどの理由で訴えられている。元禄二年六月、忠則は江戸城馬場先門の守衛を命ぜられた。この時、番士高坂権兵衛が番所を離れ、御側衆平岡和泉守の妾宅をのぞいていて捕えられ、忠則も監督不行届の理由で閉門を命ぜられた。忠則はこれを恥じ、また短慮な性格でもあったので、ついに自害し、所領を没収された」

鳥居家二代は、いわゆる「馬鹿殿」だったのだ。暗愚な大名は領民たちの暮らし向きなど考えず、無茶な藩政をおこなうことが珍しくない。

寛文十三年（一六七三）一月、忠則の奉行は藤沢郷の惣百姓（百姓全員）から嘆願書を突きつけられた。これを読むと、高遠の領民たちが正之の統治時代をなぜ懐しんだかがよくわかるので、春日太郎の労作『江戸幕政の元老 会津若松藩の祖 保科正之公』に掲載されたその現代語訳を引用・紹介しておこう。

「一　山林や竹木は先の御代（保科家の時代）には、百姓どもに自由にさせましたが、御代（鳥居家の時代）には召し上げられて御商売になさり、山主に壱本も下されずお取り上げになさいました。

一　また漆の木がすっかり田畑のかげになってしまいました。その上、枝が風で折れても罪を仰せつけられ、まことに困っています。

一　榑木（薄板＝筆者注）、白木、桶木、天井板、麻布、苧麻など先（の）御代には納め物に取られませんでしたが、只今は売り上げ高の何分の一を召し上げられ困難しています。

一　また簗（水流をせきとめた川の瀬の一カ所に簀を張り、魚を捕らえる仕掛け＝同）につきましては先（の）御代の通りにかけさせて頂き度うございます。

一　鉄砲御役について召し上げられ、その上郷々お留め野（狩猟や樹木の伐採が禁じられた土地＝同）に遊ばされましたので、百姓は鉄砲打ちを禁ぜられ、ために猿や鹿が繁殖して田畑を荒らしますので困っています。

一　上納の綿、欠米（かんまい）（輸送の際の欠損補充分として徴収される米＝同）ことごとくその額をなされましたが、今迄のように御正路（正しい方法＝同）に召し上げて下さるようにお願いします。

一　御城下の方々から馬に着けて来て塩・かます・青物・茶などめいめい宿で商売して来ましたが、近年は下町壱丁場に場所を指定され、下町の者共に壱駄につき二十四文ずつ役銭を取られ困難しています。

（略）

右の諸事お聞き届下さるよう御慈悲を仰ぎ奉ります。

寛文三年

丑（うし）ノ正月吉日　　藤沢惣百姓中

御奉行様」

右の六カ条から読み取れる正之時代の善政は、左の諸点である。

Ⅰ　山の所有者から材木や竹を奪うことは一切なかった。

Ⅱ　些細なことで農民を罰することはしなかった。

Ⅲ　榑木、白木、桶木、天井板、麻布、苧麻などの何割かを「収め物」として献上させることはなく、簗で魚を獲るのも自由だった。

Ⅳ　郷村ごとにお留め野を設定したりはせず、農民たちが鉄砲で狩猟することも認めていたので、猪や鹿が異常繁殖することもなかった。

Ⅴ　上納すべき綿・欠米の割合も常識的な範囲に抑えられていた。

Ⅵ　塩・かます・青物・茶などは生産者が自由に販売することを許しており、市場を限定したり、藩庁が商品から今日の消費税のような「役銭」を取ったりすることも一切なかった。

保科家における「高遠以来」

鳥居家の民意など考えない乱暴な藩政に較べると、保科家の民政は領民たちがある程度それぞれの判断で暮らすことを認める、という形で民意を尊重し、決して民を貪ら(むさぼ)ない方針だったことが理解できよう。

しかも保科家歴代の当主は、仁科盛信と同様に領民たちと信頼し合う関係にあった。その結果、正之が高遠三万石から出羽山形二十万石に移封されると決まったときには、高遠城下に大きな動きが生じた。

一万石取りの大名家の家中の者の人数は、老幼までふくめて七十人ほどである。三万石なら二百十人。しかし、二十万石ともなると千四百人ほどは必要になる。

そこで正之は、高遠藩領の民のうち士分ではない者でも能力によっては士分に採り立てて山形へつれてゆく、という方針を立てたようだ。私は伊那市高遠町を幾度となく訪ねるうちに、同町にはつぎのような伝承があることを知った。

「正之公が三万石から一気に二十万石の大身の大名になられるというので、住民たちの家ではどこでも家族会議がひらかれました。その結果、どの家でももっとも優秀な者を選んでお供につける、という方針が採られました。おかげで高遠に残ったのは、馬鹿ばかりになってしまいましたが」

もちろん「おかげで」以下はジョークだが、こうして正之の山形入城の供をした高遠出身者たちは、自分たちのことを「高遠以来」と称した。これは、徳川家康がまだ三河一国の大名に過ぎなかった時代から仕える家筋を「三河侍」ないし「三河衆」といったのとおなじ意味合いである。

しかも右の伝承をさもありなんと感じさせるのは、「高遠以来」の血筋から出た後世の会津藩士に優秀な者が多いことである。

正之の片腕となり、のちに会津藩大老となった田中正玄。その子孫でやはり大老となり、藩校日新館を建てて日新館教育や「什の掟」（未就学児童の生活指導）を普及させた名家老田中玄宰。会津戊辰戦争中、飯盛山で自刃した白虎隊十九士。この「歴史の裏に真あり」シリーズの第一巻『熊本城物語』に登場してもらった佐川官兵衛（幕末の家老、麹町警察署長）、山川浩（おなじく家老、陸軍少将、東京高等師範学校〈現、筑波大学〉校長、男爵）、秋月胤永（熊本高等学校教授）。

これら歴史に名を残した人々はすべて「高遠以来」の家筋であり、関東大震災発生直後、大阪から救援物資第一号を届けた大阪市長池上四郎や秋篠宮妃紀子さまを出した池上家もそうである。

高遠の住民たちがひらいた家族会議は、正之が山形入りするのに際し、かなりの人材を同行させる結果になったようだ。またこの人口移動には、「今の高遠でたてられやうか早く最上の肥後様へ」と歌っていた農民たちがつづいたと見られる。

ただし、鳥居忠春が高遠藩主になっていた承応三年（一六五四）七月、「三千の農民が天領へ逃散した」という『徳川実紀』の記述には、私も小林計一郎氏と同様に疑問を抱いている。

この『徳川実紀』とは徳川四代将軍家綱の正史『厳有院殿御実紀』のことなので、とりあえず同書の記述を確認すると左のように記されていた。

「（七月）四日鳥居主膳正忠春（の）封地信州高遠の農民等苛政を苦しみ。御料の地へ逃来もの三千余人あるよし代官訴ふ。（尾張記）」

出典を「（尾張記）」としているところを見ると、これは尾張国ないしその付近の天領の代官からの報告を元にして書かれた記事と推察できる。

たしかに高遠のある信州伊那谷から西へ進めば木曾谷を経て尾張方面へ向かうことが可能だが、ここで逃散した人口が「三千余人」もいた、という数字に注目してみよう。

第一章で触れたように、仁科盛信が織田軍と戦った高遠合戦の際に高遠城へ籠った兵力は三千であった。この合戦がおこなわれたのは兵農分離以前のことだから、討死した仁科方の兵力二千五百八十余人のうちには農民出の雑兵もかなりふくまれていたであろう。

それにしても、江戸時代の高遠藩領には一体どれくらいの人口があったのか。同時代の人口動態を示す史料がないのは口惜しいところだが、手持ちの書物の記述から人口を把握できる年もあるので、つぎにはそれを書き出してみる。

「人口四千五百」（吉田東伍『増補　大日本地名辞書』第五巻、初版は明治三十五年〈一九〇二〉）
「昭和三十五年（一九六〇）十月一日現在、人口一万二千六百十三人」（高遠町教育委員会『高遠風土記』）
「七千三百七人（平成十五年〈二〇〇三〉十月一日現在）」（同）
「人口六七五八人」（平成十八年〈二〇〇六〉三月一日、伊那市高遠町ホームページ）

明治以降は昭和三十五年の数字がピークのようだが、江戸の高遠の人口が平成十八年の「人口六七五八人」よりはるかに多かった、とは考えにくい。

とすると、高遠から「三千余人」が姿を消してしまうとは人口の約半分がいなくなることを意味する。そんなことが実際に起こったら田を打つ者が半減して藩の年貢収入も大きく減り、藩政が立ちゆかなくなる。

しかし、高遠藩は鳥居家が領民たちを苦しめたとはいえ、藩政が立ちゆかなくなったことはない。鳥居家は「未開の悪地を開墾して」耕地面積の拡大をめざした節もあり（『信州高遠藩史の研究』）、これは新田開発に当たることができるだけの農民人口がなければ実行できるわけがない。

これらの諸点から、承応三年七月における高遠農民三千の逃散という説は史実とは認定しがたい。もし逃散が実際に起こったとしても小規模なものであったろう、と結論づけて、正之の山形藩政に視線を移そう。

高遠城址公園・桜雲橋と問屋門（伊那市観光協会＝提供）

第三章

出羽山形藩・保科家の人事の妙

山形入り・その体裁を整えるには

保科正之が寛永十三年（一六三六）七月二十一日に出羽山形（最上）藩二十万石に移封される前の同藩は、二十四万石の規模で藩主は鳥居忠恒（ただつね）であった。忠恒が同年同月に嗣子（しし）なくして病死したため、将軍家光はその異母弟忠春を高遠三万二百石に移し、入れ違いに正之を山形に封じたのである。

高遠入りした忠春が苛政をおこなった原因のひとつは、二十四万石の大藩での暮らしに馴れた鳥居家とその家臣団にとって三万二百石の収入しかない環境は堪えがたく感じられた、という点にあるのかも知れない。もちろん三万二百石の所帯で山形二十四万石時代の家臣のすべてを養うことは絶対不可能だから、鳥居家はかなりの人数の家臣団を解雇し、山形へ残して高遠へ向かったと考えてよい。

第二章で私は「一万石取りの大名家の家中の人数は、老幼までふくめて七十人ほどである」と述べた。二十四万石なら、千六百八十人の家臣団が適正規模。その所帯が三万二百石に削られたなら家臣団を二百十一人に減らすのがあらまほしき形となるから、千六百八十人のうち千四百六十九人までは解雇しなければならない。

これが鳥居忠春の直面した問題だったが、では山形入りする保科正之が直面したのはどんな問題か。むろんそれは、二百十人ほどだった家臣団の規模を一気に約千四百人まで増大させねばならないことであった。

高遠の士分ならざる家から優秀な者をかなり召し抱えたと覚しき伝承があることにもすでに触れたが、なにせこの地は、

「たかとほは山裾のまち古き町ゆきあふ子等のうつくしき町」（田山花袋）

と大正時代になってからも詠まれた「山裾」の狭い町である。今日においても両側に店の並ぶ目貫通りの長さは百数十メートルほどしかないといえば、二百十人規模だった家臣団をこの地で千四百人に増大させることはとても無理であることがお察しいただけよう。

それは家光や老中土井利勝（下総佐倉藩主）も案じたところであり、正之の山形入りに際しては家光が利勝に上意を伝え、体裁を整えさせてやった、とする史料がある。『家世実紀』といえば活字本でも全十二巻に達する会津藩保科家（のち松平改姓）の正史だが、その第一巻、寛永十三年八月二十七日の、

「最上（山形）御入部、村山郡山形御城請け取らせらる」（原文は和風漢文。読み下し筆者、以下おなじ）

という綱文につづく解説文につけられた割注にはつぎのようにある。

「御城受け取りの節、土井大炊頭様（利勝）へ上意に、このたび肥後守最上え引き移り候ところ、にわか大名の儀に候えば、人に事欠くべく候間、心を添え遣わし候よう仰せられ候につき、最上の御城御請け取の節、大炊頭様より鉄砲百挺・弓五拾張・御持弓二十五張、そのほか士・足軽・長柄の者以下御人数御加勢これあり」

家光と土井利勝は正之がまだ二十万石の格式にふさわしい家臣団を持っていないと知っていたので、佐倉藩土井家の者を多数山形に派遣し、正之の山形入りの体裁を整えてくれたのだ。

家中に派閥なし

右の割注のつづきからは正之が山形藩保科家の陣容をどのように整えていったかがうかがえるので、この部分も読んでおこう。

「鳥居家の浪人足軽等まで召し抱えらる、また高遠より追々御家来ども引越候、大炊頭様御家来相返され、その節、諸番所の飾り置き候兵器の儀、そのまま差し置き罷り帰り候よう、大炊頭様固く仰せつけられ候由」

土井利勝は家康の庶子だから、秀忠の庶子である正之が家光によって活躍の舞台を用意されるのを見、協力を惜しまなかったのであろう。

さて、正之は「鳥居家の浪人足軽まで」召し抱える前に、高遠以来の者に対して加増をおこなっていた。城代家老保科正近（まさちか）は一千石から三千石へ、家老田中正玄（まさはる）は一千石から一千五百石へ、というように。

その結果、これまでの禄高と加増分を足して百石以上の俸給になった者は八十三名。対して新規採用された鳥居家家臣団のうちからは、高遠以来ナンバー2の田中正玄より高禄を受ける者がふたりあらわれた。今村盛勝と神保（じんぼ）長利は、二千石で召し抱えられたのだ。

新規採用された旧鳥居家家臣団は、鳥居忠恒が左京亮（さきょうのすけ）と称していたことから「左京衆」と呼ばれはじめ、並行して高遠以来の者たちは「高遠衆」と呼ばれるようになった。

ふたたび百石以上のレベルで見ると、左京衆は百五十八名（六五・六パーセント）と高遠衆の八十三名（三四・四パーセント）を大きく上回り、山形藩保科家臣団は新参者の方が多い構成になってしまった。

このようにある組織のメンバーが複数のグループで構成される結果になった場合、それぞれが派閥を作っていがみ合う、というのは昔も今もよくあるケースである。

江戸時代でいえば、土佐藩山内家では元長宗我部（ちょうそかべ）家の家臣団で土佐に残留した者はすべて郷士とし、その上に山内家の直臣を上士として置いたため、郷士と上士は互いに牙を剝き合って幕末へなだれこんでいった。阿波徳島藩蜂須賀家は淡路島に洲本城を構える家老稲田家といがみ合った結果、明治三年（一八七〇）に血で血を洗う庚午事変を引き起こしてしまった。

また明治から昭和二十年（一九四五）夏の敗戦まで、日本軍は「薩の海軍、長の陸軍」という表現があったほど、海軍には旧薩摩藩士出身者、陸軍には旧長州藩出身者が軍閥を作り、互いを牽制し合ってばかりいた。煎じつめれば、これら海陸両軍の内部不統一が敗戦という由々しき事態を招き寄せたのである。

このように派閥が組織を蝕む傾向は、戦後から平成に至ってもなお消えてはいない。

私の岳父は大学を出てから銀行員として長く働いた人だったが、その入行したA銀行はB銀行と合併し、名称もAB銀行と変更された。ところがA銀行とB銀行とはまったく社風が違い、A銀行の出身者とB銀行の出身者のそれとは長い間水と油のような関係にあったという。

頭取といえば銀行の取締役のトップであり、その代表者として業務執行の任に当たる者のこと。それがAB銀行では、退任した頭取がA銀行出身者だった場合、あらたに選任される頭取はB銀行出身の者から選ぶ、現頭取がB銀行出身だった場合、次の頭取はA銀行出身者から出す、というタスキ掛け人事がさも当然のようにおこなわれていたそうだ。派閥があると、ある個人の能力ではなくどの派閥に属するかで人事が左右されるという弊害が生じるのだ。

さて、なぜここに派閥論を差し挟んだかというと、山形藩保科家にあって左京衆と高遠衆が互いに反目し合い、問題を起こした、という話は一切ないことに読者のみなさんの注意を促したかったからである。

この不思議なほど健全な藩のあり方は、いったい何に由来するのであろうか。

ずばりそれは、左京衆と高遠衆がそれぞれ派閥を作って争うことなどなかったからだ、といってよい。そして、両者に派閥など作らせなかったのは、正之が巧みな人事をおこなって両者に対立意識など芽生えさせないよう持っていったためだと私は考えている。

家臣は高禄の者より優秀な者を

以下その論拠を示そう。

山形藩保科家家中の者のうち百石以上の者二百四十一名を見ると、古参の高遠衆は八十三名（三四・四パーセント）、新参の左京衆は百五十八名（六五・六パーセント）となり、家臣団は新参の者が多い構造になった、と前述した。

ここに一般論を差し挟むと、ある組織にあっては身分の低い者の方が身分の高い者より数が多いのが普通である。山形藩保科家から一千石以上を支給されることになった重臣は、わずか十三名に過ぎなかった。

その十三人を石高の多い順に並べ、高遠衆はT、左京衆はSとした上で役職も書き出すと左のようになる。

①保科正近　三千石、T、城代家老
②今村盛勝　二千石、S、組頭(くみがしら)
③神保長利　二千石、S、物頭(ものがしら)
④田中正玄　千五百石、T、家老
⑤北原光次　千五百石、T、家老
⑥一瀬(いちのせ)直重　千三百石、T、家老
⑦大熊備前　千二百石、S、物頭
⑧三宅(みやけ)重直　千五十石、S、組頭
⑨篠田隆吉　千石、T、家老
⑩小原(おばら)光俊　千石、T、家老

⑪　井深重次　　千石、T、組頭
⑫　中野善之丞　千石、S、物頭
⑬　沼沢重通　　千石、S、物頭

この重臣層と諸藩のそれを比較すると、保科家の右の者たちはかなり石高を低く押さえられていることに気づく。

関ヶ原の敗将石田三成は、まだ近江水口四万石の小身だった時代に一万五千石を割いて島左近を招いたといわれている。水戸藩付家老の中山家は一万五千石（のち二万五千石）だったし、尾張名古屋藩家老成瀬家は三万五千石、おなじく竹腰家は三万石。加賀百万石の前田家には一万石以上を受ける家筋が八名もあり、これを「八家」と総称したほどで、最高石高の本多家に至っては三万石（のち五万石）と譜代大名並の身代であった。

右に列記した諸藩の家老のうち、中山家の仕えた水戸藩徳川家はこのころ二十五万石（のち二十八万石から三十五万石へ加増）と山形藩保科家に収入が近いから、保科家に一万石以上を受ける重臣がいたとしても決して奇怪なことではなかった。

それにしても、なぜ正之は一万石以上を取る重臣を置かなかったのか。この問題については

『保科正之　徳川将軍家を支えた会津藩主』（中公新書・中公文庫）と『慈悲の名君 保科正之』（角川選書）において二度論じたことがあるので、ここでは前者から結論部分を引用しておこう。

「考えてもみよう。一万石を与えて家老ひとりを養うのではなく、ひとりを一千石とすれば十人の家臣を召し抱えることができる。正之は家臣ひとりひとりの石高を低く押さえることにより、優秀な家臣を数多く採用することを願ったのである」

山形藩保科家家中の百石以上の士二百四十一名のうち左京衆から新規採用された者百五十八名（六五・六パーセント）という数字は、正之のめざしたところを雄弁に物語っている。

人事の妙

しかも、万石以上を受けて数字的にはみずから立藩する資格を持った家老たちには、藩主を軽んずる傾向があった。

加賀藩の例でいうと、慶長十年（一六〇五）六月に三代藩主前田利常十三歳が初入城したとき、本多家当主政重以下の国家老たちは、いずれも利常に頭を下げないという高慢無礼な態度を示した（『加賀藩史料』第一巻）。

正之は重臣たちのいずれかに万石以上を与え、その者が増長したりすると家中の乱れる元になる、と見てかれらの石高を低く抑えた可能性も考えられるのだ。

この問題には正之の会津藩への再転封の話をしてからもう一度言及することにして、先に①から⑬とした十三人の重臣たちの扱いについてさらに分析してゆこう。

まずTとした高遠衆についてみると、正之の少年時代からの遊び相手だった田中正玄が五百石取りから千五百石取りになったものの、Sすなわち左京衆から二千石取りの家臣二名（②③）が誕生したため、石高の順でいえばナンバー2からナンバー4に後退してしまったことがわかる。

しかし、正之は②今村重勝と③神保長利にはそれぞれ組頭、物頭という役職を与えはしたが、家老とはしなかった。つまり②③のふたりの収入は④田中正玄、⑤北原光次、⑥一瀬直重、⑨篠田隆吉、⑩小原光俊の五家老より高給だが、藩士としての席次は公文書に連署する加判の役である五家老より下位、という待遇を受けたのである。

これはやはり左京衆に属する⑦大熊備前、⑧三宅重直についてもおなじことがいえる。このふたりは⑨篠田隆吉、⑩小原光俊の二家老よりも高給取りなのに、藩士としての席次ではふたりの後塵を拝することになった。

⑫⑬の左京衆ふたりも、おなじ千石取りの高遠衆の⑨⑩が家老、⑪は組頭なのにこちらは物頭だから席次的にはより低い（組頭と物頭では、組頭の方が上席）。

正之は大藩だった山形二十四万石鳥居家を召し放たれた重臣②③⑦⑧⑫⑬を採用するに際し、これまでのキャリアを尊重して高禄を与えはしても、藩士としての席次や役職においてはかねて人物器量を承知している高遠衆を優遇したのである。

百石以上のレベルでみると左京衆の割合が六五・六パーセントに達するが、千石以上のレベルでみるとその割合が十三名中の六人、すなわち四六・二パーセントに下がる、という逆転現象が起こるところに、われわれは正之の人事の妙と綾とを感じるべきなのであろう。

ちなみにこの時代の山形藩保科家の職制は城代家老―家老―奉行となっていて、まだ若年寄という職は設けられていない。そのために家老と奉行の一部が加判として藩政に参与することになっていたが、左京衆から採用された者には外様（とざま）（武官）が圧倒的に多かった。

この外様は組頭―物頭―組付（くみつき）という命令系統になっていたことが『家世実紀』第一巻の記述から察せられ、百石以上の左京衆はこれら三者のほか使番（つかいばん）、近習（きんじゅ）、郡（こおり）奉行、普請奉行、種子貸（たねがし）奉行、代官、御鷹方（おたかがた）、大工頭など、実に多彩な役職に名をつらねた。正之は藩士人口の六五・六パーセントに達した者たちを大変上手に使ったわけで、これなら千石以上の左京衆の席次が家老に及ばなかったといって、不服を申し立てる者がいたとは思えない。

ちなみに左京衆からあらわれた加判の者の第一号は⑬沼沢重通で、かれは寛永二十年（一六四三）、正之が会津藩へ再移封されるや支城である猪苗代（いなわしろ）城の城代（若年寄同格）に登用された。さらにその九年後、承応（じょうおう）元年（一六五二）には今村盛勝が席次第四位の家老に昇進した。

このように正之は百石以上の左京衆からの新規採用者には早めに、しかも多彩な役職を与えることによって、自然に保科家の士風になじむように努めた。千石以上の者は俸給は優遇しても席次は高遠以来の重職たちの下とし、じっくりと能力を見定めてから加判の列に迎える方針を取った。

なかなか味わい深い人事ではないか。

「山形はじまって以来」の大工事

以上のように保科正之が派閥なき家臣団育成に力を入れる過程で、山形藩はひとつの試練に直面した。

山形城下には、蔵王（ざおう）山の主峰熊野岳に発する馬見ヶ崎（まみがさき）川という暴れ河が北西に貫流している。日本海に入る河口付近に土砂が溜まり、天井川になりやすい癖のあるこの川の堤が寛永十四年（一六三七）六月中に切れ、城下は洪水に見舞われたのである。

『家世実紀』第一巻の記述を現代語訳して左に掲げてみる。

「水が馬見ヶ崎の川除（かわよけ）（堤）を切ってお城の回りの町屋へ流れこみ、その川除を再普請するのに藩内の領民の数だけではとても足りなかった。鳥居家の前に最上家が藩主だった時代にもこのように大規模な洪水が起こったが、そのときは由利郡と庄内藩からの加勢を得て川除を造り直したという。

そういう前例があるのなら今回も加勢がほしいと公儀へ願い出よう、と正之と加判の者たちは評議し、七月七日、遠山伊右衛門（いえもん）を江戸へ出張させることにした。（略）すると老中土井利勝が隣領との寄合（よりあい）普請とするよう命じたので、八月中旬から工事を開始。取りつけ枠を七十丁（七六三〇メートル）差し立て、四方へ杭を打ち込み、いかにも入念に仕上げた。保科正近は時々正之に進捗（しんちょく）具合を報告していたが、地元の風説では『かように大規模な川除は山形はじまって以来のことで、最上家の時代にもこんな頑丈な造りの川除はなかった。この分ならば、つぎにまた洪水が起こっても堤が切れることはあるまいと、みんなが満足している』と申し上げた」

治水はいつ、どこの国かにかかわらず支配者の能力を示す事業とみなされてきたが、高遠藩領には天竜川やその支流の三峰(みぶ)川という暴れ河があったため、保科正近をトップとする高遠衆には治水のノウハウが蓄積されていた。そのノウハウが「寄合普請」という名の大規模な工事で存分に発揮されたと考えられる。

なお、この「山形はじまって以来」の大工事は、昭和四十八年(一九七三)、山形県が県営の馬見ヶ崎川河川緑地を開設した際にも大きく寄与した。その規模については『角川地名大辞典』6「山形県」の同緑地に関する解説の後半部を引いておこう。

「長さ3・3km・面積30ha。以前から市民のいこいの場であった河畔に、運動広場・花壇・砂場・模造動物・サイクリング場・サッカー場・野球場・バレーボールコート・テニスコート・遊歩道・広場などが設置された」

今日の山形市民には、正之の藩政を知る人が少ない。しかし、正之のおこなった「山形はじまって以来」の大工事は、このように巨大な河川緑地となって現代人の暮らしにも役立ちつづけているのだ。

しかも、藩を挙げて困難な大工事に挑むには、藩士や領民たちが心をひとつにしなければならない。右に見た工事は、高遠衆と左京衆とをいわゆる「おなじ釜の飯を食った仲間」とするのに大いに役立ったのではあるまいか。

白岩農民一揆に対する果断

ついで正之の農政に目を転じるが、その前に鳥居家が山形藩主だった時代の年貢率を押さえておこう。

「農民は（鳥居家の）元和（げんな）検地を『左京縄』と称して、後世までその高率貢租を怨嗟（えんさ）したと伝えられる」

とは『山形市史』中巻のいうところ。同書は山形藩鳥居家の「物成率（ものなり）」（年貢率）を「村高の四ツ二分五厘」（四割二分五厘）と見て、つぎのような割注をつけている。

「保科家が寛永十四年までは四ツ二分五厘の平均免（平均年貢率）をとり、十五年から三ツ九分三厘に引き下げているが、四ツ二分五厘は鳥居家以来の免を継承したのであろう」

正之は、山形入りしてから二年間は鳥居家の設定したのとおなじ年貢率を農民層に課した。だが、米の出来高の四二・五パーセントを藩が取るのは高率過ぎると考え直し、三年目の寛永十五年（一六三八）からは税率を三九・三パーセントと三・二パーセントも引き下げたのだ。

これは、正之が領民たちに優しい政治を心掛けていた何よりの証拠であり、仁科盛信の時代から高遠藩保科家の時代までつづいてきた穏健な政治手法のあらたな表現でもあったろう。
しかし、今日の山形市の北、寒河江市に属する村山郡の白岩領には、伝統的に領主に反抗してきた農民たちがいた。まずは、白岩領の歴史から頭に入れてゆこう。

「しらいわりょう　白岩領
〔近世〕江戸期の所領名。（略）元和8年最上氏（義俊）の改易後、庄内藩主酒井忠勝の弟忠重は白岩領８０００石を分与された。白岩領は白岩村以下17か村からなり、いずれも寒河江川上流の山村で、耕地がなく貧窮した村が多かった。忠重の施政は領民を誅求することが多く、寛永10年には白岩領惣百姓惣名主の名で江戸直訴事件が起こり、寛永15年3月忠重は白岩領を没収された」（『角川日本地名大辞典』６「山形県」）

以後、白岩領は天領（幕府直轄領）とされ、代官小林十郎左衛門の支配にゆだねられた。ところが寛永十五年六月、白岩の農民たちはまたしても「困窮」し、一揆として「徒党」を結んだ（『家世実紀』第一巻）。幕府は小林代官に「取り鎮め」を命じたが、代官所に手勢は少ないし、農民一揆は「反逆同前の体」にて「屈服」しない（同）。そこで代官は山形城に正之を訪ね、事情を愬えた。

そこで正之が保科正近を白岩へ派遣して農民たちを呼び集め、吟味させると、小林代官のいう通り「不届き」そのものであった。正近が一計を案じて正之に直訴することを勧めたところ、三々五々山形城下に集まってきた一揆の首謀者たちは三十五人に達した。

正之が、まことに果断な処置に及んだのはその直後のこと。正之は三十五人全員を捕縛させ、山形城下の牢に投じさせた。月日不明ながら、これはおそらく六月二十七日ごろのこと。二十八日、小林代官はこの召し捕りのことを江戸へ注進し、正之も老中酒井忠勝（若狭小浜藩主）に報じるところがあった。七月二十一日には、念のため山形藩保科家の加判の者たちから江戸上屋敷詰めの者へも事情を伝えさせた。

だが、なおも酒井忠勝からは何もいっては来なかった。飛脚がまだ来ない、ということを何度か確認した正之は、城下の長町河原において三十五人を磔刑（はりつけ）に処させた。

——と書いただけでは、正之が強引な処罰をおこなったかのように受け止められてしまうかも知れない。たしかに『家世実紀』第一巻、寛永十五年六月の項の割注には、

「この百姓ども科人には候えども、皆々御料（天領）の百姓に候えば、当分牢舎（投獄）致させ置き、一応江戸へ御伺いの上御仕置仰せつけられて然るべし」

と家老たちがいったところ、正之は、

「さよう手延びに致し候には及ばず、早速処置申しつくべき旨」

と答えて処刑を断行させた、とある。

なお、この割注は本文三行分に近い長さがあり、処刑された三十五人を三十六人とするほか、この処断に対する「諸人の取り沙汰」と十二月に正之が江戸に参勤した際の幕府の反応にも言及している。

「諸人の取り沙汰」とは、

「天領の百姓を幕府への伺いもないまま自領の民のように処罰してしまって、御公儀はどう感じるだろうか」（大意）

というものであった。

つづいて正之が十二月二日に山形を出立、十一日に江戸に着いた際には、晩になってから御手水番（将軍の手洗い、洗面の担当者）内田正信が上使としてやってきた。このときの内田のことばは右の割注ではあまりに回りくどい書き方になっているが、内田は明けて寛永十六年正月十一日にも上使として正之を訪問し、このときと同趣旨のことを伝えているので、『家世実紀』第一巻、同日の項から内田のことばを引いてみよう。

「自今以後（将軍家光は正之に）御政事の品（政策を決めた事情や理由）を仰せ聞けられ候間、何の義によらず遠慮なく存じ寄りを申し上ぐるべき旨」

要するに家光は「諸人の取り沙汰」とは正反対に、正之の判断力を高く評価し、今後は政策決定の事情を教えるから幕政に関しても意見を述べよ、と注文をつけたのだ。なぜこうなるのか、と考えるには「武家諸法度」を見ておく必要がある。

この法度は将軍の代替わりごとに発布されることになっていて、寛永十二年（一六三五）六月に家光が定めた「武家諸法度」にはつぎのような条があった。

「江戸ならびに何国において、たとえ何篇（なにへん）の儀これありといえども（どんなことが起こっても）。在国の輩（やから）はその所を守り、下知（げち）を相待つべき事。いずこにおいて刑罰をおこなわるといえども。役者（役人）のほか出向すべからず。（略）新儀を企み徒党を結び誓約の義を成すはこれを制禁の事。（『大猷院殿御実紀（たいゆういんでんごじっき）』、読み下し筆者）

これは大名旗本たちの所領の近くでどんな騒動が起こっても、勝手に兵を動かしてその騒動に関与してはならない、ひたすら所領から動くことなく幕命を待て、という意味で、秀忠時代の「武家諸法度」にも似たような一条がふくまれている。

右に引いた条項がなおも効力を持っていたならば、城代家老保科正近を白岩領に派遣し、農民たちに接触させた正之の行為は「武家諸法度」に違反する行為として厳しく批判されるところだっただろう。

法治主義の精神

しかし、実際はそうならなかった。その理由を述べる前に、この時代に起こった最大の事件「天草・島原の乱」がどのように進んでいったかを略年表風に眺めてみよう。

寛永14年（1637）10月25日、肥前島原藩で農民たちが蜂起。29日、肥後唐津藩領天草の農民たちも呼応して蜂起し、天草四郎こと益田四郎時貞16歳、そのリーダーとなる。11月9日、幕府、追討使として三河深溝（ふこうず）藩主板倉重昌を現地へ派遣。12月27日、老中松平信綱（武蔵忍（おし）藩主）を第二の追討使として派遣。

寛永15年（1638）1月4日、信綱、一揆勢3万の籠った南有馬の原城址の近くに着陣。2月28日・29日の総攻撃で勝ちを制し、乱おわる。

天草・島原の乱が発生すると、家光は在府の正之を山形へ帰国させた、これは、「西国に変あらば宜（よろ）しく意を東国に注ぐべし」とした家康の遺訓を守り、賊徒が東西に呼応して蜂起する危険に備えさせたのである。

ただし帰国してからの正之は、追討軍の迅速ならざる動きを左のように評していた。

「島原の炎がまだ盛んになる前に攻撃すれば、一揆を一挙に誅することができた。というのに方針を決めることなく日にちを費やしていたから、賊徒に兵糧を貯え人を集める余裕を与えてしまったのだ。およそこうなることがわかっていたならば、迅速に処置すべきであった。しかるに後難を恐れてその時期を逸し、小事を大事に至らせてしまう者が多いのは困ったものだ」

（『会津松平家譜』巻一より意訳）

正之のこのような見解を受けたかのごとく、家光は天草・島原の乱の終結から三カ月後の寛永十五年五月五日、「武家諸法度」の問題の部分を二回にわたって左のように改めた。
「（略）各境を守るべき旨令せられしは。各其国に於いて私の事を営み。令条にたがふか。又は盗賊等ある時の事なり。もし国家の大法制をおかし。凶賊のふるまひせるやからあらんには。隣国の輩速に馳むかひ討伐すべし」（五月二日）
「今度天草。島原の一揆等。その初め速に誅伐を加へば。大事に及ぶまじきを。延滞して多くの人数を損じたり。此後も近国他領の争論などあらんには。先々の令のごとく各境を守りて。みだりに動く事あるまじといへども。こたびのことに於いては、速に誅夷するをもて簡要となすべし」（五月十五日）

要するに幕府は、天草・島原の乱を鎮圧するために近隣の諸大名が軍を派遣してはならない、という縛りがあったため騒動が長引いたことを認め、ふたたび天草・島原の乱のような騒動が持ち上がったときには諸大名が迅速に出動して騒ぎを押さえこめるよう「武家諸法度」を改訂していた。

白岩農民一揆が発生したのはその翌月のことであるから、正之は「武家諸法度」の右の改訂条項を忠実に守って保科正近を白岩領へ派遣し、三十五人ないし三十六人の一揆の領袖格を一気に処刑して騒動を鎮圧したのだ。家光が内田正信を介し、正之に幕政について意見を述べるよう求めたのは、『会津松平家譜』巻一に記されていた天草・島原の乱追討に関する正之の評を聞き、その明察に驚いてのことだったのかも知れない。

正之の山形藩主時代は、一本芯の通った家臣団を育成しつつ領民に優しい政治を志し、不法な行為に走る者には仮借なく対処する、という柔軟な精神が花ひらかんとした時期であった。

第四章

奥州会津藩・保科家の人道主義

会津入り後の初政

当時の陸奥国会津藩は四十万石高で、藩主は加藤明成（嘉明のせがれ）であった。明成は七層の若松城（鶴ヶ城）天守閣を五層に改め、追手門を東から北につけ替えてもいるから決して暗君ではない。幕府の北の仮想敵は仙台藩だから、追手門は北の仙台方向に兵を出動させやすい北向きがよいのだ。

しかし、明成は先代嘉明の代からの家老堀主水と仲が悪く、主水は一族郎党を率いて会津加藤家を脱藩してしまった。激怒した明成は、主水とその兄弟を捕えて斬殺できるなら会津四十万石を奉還してもよい、と公言。実際に主水とその弟ふたりを嬲り殺しにし、会津藩を返上に及んだ。

これが寛永二十年（一六四三）五月二日のこと。これを受けて将軍家光は、保科正之を山形藩二十万石から会津藩二十三万石へ再移封し、会津西街道から下野国塩谷郡に至る天領五万五千石も正之に預けることにした。会津藩ではこれを「南山御蔵入り領」と呼んだが、ここは高原に散らばる僻村ばかりなので実高は五万石だったらしく、以後の会津藩について考えるときは、表高二十八万石とみなしてよい。

若松城（鶴ヶ城、天守閣は昭和に再建された。会津鶴ヶ城会館・提供）

家光はあきらかに正之が山形藩政に発揮した非凡な能力を高く評価し、より枢要な地を藩領とする大藩に再移封してこの異母弟の才能をさらに大きく開花させようとしたのだ。

ちなみに山形藩二十万石は、正之が七年間統治するうちに新田開発が進み、実高は二十万二千石になっていた。

対して会津藩では加藤明成対堀主水の御家騒動が人心の動揺を生じさせたのであろう、正之が先乗り組に調べさせると、勝手に郷（ごう）（いくつかの村を合わせた行政区画）や村を離れた者が少なくなかった。耕作者の人口が減れば田畑は荒れ、実高は表高に達しなくなる可能性が高まるから、これは由々しき事態である。

そこで七月二十日、正之は遠山伊右衛門（いえもん）を会津へ派遣し、郷村の者たちにこう触れ出させた。
「諸郷村を後にして退散した者は、早々まかり帰って前の郷村にもどるべし。不届きの儀ではあるが、藩主代替わりにつき詮議はしない。この段、相心得るべき事」(『家世実紀』第一巻大意)

その上で八月八日に会津入りした正之は、表高が三万石加増されたのを受けて家臣たちにも加増することにした。

百石より三百五十名までの諸士は五十石ずつ、四百石より五百石までの者は百石ずつ、六百石より七百石までの者は百五十石ずつ、八百石より千石までの者は二百石ずつ、千石以上の者は銘々の加増で以下のように(同、十一月十三日の項)。

① 保科正近　元高三千石、七千石の加増を辞退
② 今村盛勝　元高二千石に三百石加増
③ 神保長利　同　右
④ 田中正玄　元高千五百石に五百石加増
⑤ 北原光次　元高千三百石に五百石加増

⑥　小原光俊　元高千二百石に四百石加増

第三章で①から⑬としてリスト・アップした千石取り以上の重臣十三名のうち、右の六名以外の七人には加増の声が掛からなかったことになる。それはなぜかを田代重雄編『家世実紀人名索引』上下巻を使って調べてゆくと、左のような結果が得られた。

⑥一瀬直重、⑦大熊備前、⑨篠田隆吉はすでに死亡。⑫中野善之丞は寛永十九年（一六四二）七月十八日、正之の勘気をこうむって暇を出された。⑥⑦⑨の後継者は奉公期間が短いために加増の対象からは外されたと見える。

対して生存していてなおかつ加増に与（あずか）れなかったのは⑧三宅重直、⑪井深重次、⑬沼沢重通の三人である。これは三人の務めぶりが可もなく不可もなし、といったところだったことを示すのかも知れないが、沼沢重通は前述のように物頭から猪苗代城の城代（若年寄同格）に指名されるから、ただの石高据え置き組ではない。

あらたに①から⑥とした重臣たちのうちで興味深いのは、三千石取りの城代家老保科正近が、山形藩時代にも前述のように活躍したにもかかわらず、これ以上の加増を辞退したことであろう。正近のせがれ正長が会津入りによって千二百石取りとなり、末席の家老となったため、正近はこれ以上の出世を願わない心境に達していたようである。
百石以上、千石までの者の加増についていえることは唯ひとつ、高遠衆か左京衆かという点はいっさい考慮されていないことである。そのことと中野善之丞が召し放たれた点とを合わせ見れば、正之は山形時代の七年間に高遠衆か左京衆かという来歴などには重きを置かない充実した家臣団の育成に成功した、という手応えを持って会津入りしたと考えられる。

地方知行取りを廃す

さて『家世実紀』第一巻、寛政二十年十一月十五日の項には、正之が領内の寺社に寺社領を寄付したことが記録されている。

別当延寿寺へ河沼郡（かわぬまごおり）郡山（こおりやま）村の内に百五十石、同郡高畑村の内に五十石あわせて二百石、諏訪社へ同郡郡山の内に百石、八角別当亀福院へ同郡高畑村の内に五十石（以下八行省略）。

私がまことに興味深く思うのは、寺社領については右のように「○○郡△△村の内に××石」とかならず知行所が明記されているのに対し、十一月十三日の項に記録されている百石以上の士の新たな俸給については、「○○郡△△村の内に」という表現がまったく欠落していることだ。この問題は私なりにすでに分析済みなので、昨年夏に刊行した『なぜ会津藩は希代の

雄藩になったか　名家老・田中玄宰の挑戦』（ＰＨＰ新書）の一部をやや長めに引用する。

「これがなにを意味するかを知るためには、幕府や諸藩に仕えて生活する武士たちには地方知行取り、蔵米取り、給金取りの別があったことを踏まえておく必要がある。地方知行取りとは知行地をもらい、その土地から得られる石高によって暮らす者たちのこと。蔵米取りとは知行地を持たず、いったん藩の米蔵に納められた年貢米から俸給を与えられる者たちのこと。給金取りとは今日のサラリーマンとおなじように、俸給を現金で受け取る者たちのことである。

一般に地方知行取りは上級武士に多く、蔵米取りは中級・下級の武士に、給金取りの者は最下級の武士に集中していた。身分の低い侍が『三一侍』と蔑称されるのは、年収が三両一分しかないからである。

話を会津藩の上級武士たちにもどすと、石高と加増分が明記されているのに知行所に関する記述が一切ないのは、正之が会津入りに際してこれまでの上級家臣たちに対する地方知行取りの制度を廃止し、実質的に蔵米取りとおなじとしたことを意味する。

地方知行取りの制度には、ある土地を与えられた者が勝手にその土地の年貢率を引き上げて、その知行所を耕作する民に対して苛斂誅求をおこなう危険がつきまとう。藩庁としてもある表高の知行地の実高がどの程度あるのか直接チェックすることができないので、領民たちのことは地方知行取りの上級家臣を介して間接的に支配するしかない。

対して地方知行取りを廃して給金取り以外の全藩士を蔵米取りとすれば、家臣たちの俸給となる年貢米はいったんすべて藩の米蔵に納められることになり、藩庁が領内の米の年ごとの実高を把握できる。藩士たちも知行所の米の出来不出来に一喜一憂する必要もなくなり、蔵米で安定性を保証された生活を送ることができるようになるのだ。

一方、農民たちから見ればだれかの知行地を耕す場合のように、苛斂誅求を受けることはなくなるわけだから、この改変はありがたく感じられたことだろう」

隠田の所在を申告する農民たち

正之は、ほかにも民に優しい政治をおこないつづけた。そこでつぎには『会津松平家譜』（大意）によって初期の善政を振り返っておこう。


寛永21年（1644）11月、米価安く諸臣が苦しんだので俸米の残りを高く買い取って利益を与え、封内の逋闕金（税の滞納分）3500両を免除した。

正保3年（1646）11月、封内の逋闕金2800両を免除。

承応1年（1652）加藤家の定めた「負わせ高地なし免」（諸村高のうち川流永荒にて田地なき所より年貢地税を徴収する＝割注）の苛政を廃止した（後述）。

承応3年（1654）11月、困窮した農民には無利子で米を貸しつけた。

明暦1年（1655）8月、市中に貧困の者ある時は米を貸しつけた。

正之が農民から税を取り立てるのではなく、与えつづける大名政治家だったことがこのころからはっきりしてくる。それでは寛永二十一年と正保三年に合計六千三百両もの年貢（金納分＝後述）を免除してもらった農民たちは、どう反応したのだろうか。
「此段諸郷村へ申しわたし候ところ、御慈悲なる仰せ出され、古今（に）御座なき仕合せとも諸郷村ありがたく存じ奉り候、此上の儀は、当御年貢少しも油断仕らず相納め申すべき旨、組頭肝煎に至るまで申し上げ殊のほか悦び候」（『家世実紀』第一巻、正保三年十一月二十三日の項）
という公式記録があるところを見ると、正之の慈悲の精神は農民たちに感謝の心をめばえさせ、かつ発奮させるのに大いに役立ったようである。
会津の農民たちが次第に正之に向かって心をひらいていったことは、「負わせ高地なし免」が廃止されたときに如実に見て取れた。

実際には存在しない土地や田の作れない荒地も耕作地とみなして年貢を課す悪法を廃したところ、会津藩は慶安元年（一六四八）とその翌年に検地した結果より約二万石減収となってしまった。表高二十三万石だったはずの会津藩の実高は、二十一万石だったということである。

ところがここで、会津の農民たちは劇的に反応した。実は農民たちは「負わせ高地なし免」を課す加藤家に対し、隠田（おんでん）を作って対抗していた。だが正之が「負わせ高地なし免」を廃止したと知った農民たちは、「歓喜し往々（例外なく）隠田を告げ丈量（検地）を請ふ」た（『会津松平家譜』巻二）。これに応じて検地をしてみると二万三千石あまりあったので、会津藩の実高は二十一万石どころか二十三万三千石だと知れたのである。

正之が民に優しい政治をおこなうと、農民たちも誠実に答える。正之はこの時代には珍しく人間の性善説を信じた人であり、このエピソードは歴史を支配階級と被支配階級の闘争としてしか見ない歴史家に対する強烈なアンチテーゼとなっている。

会津藩独自の社倉制度

しかも正之は、山形入りしたときと同様、会津入りしてからも年貢率（免（めん））を下げた。いや、下げつづけた。その平均免を示す数字を『家世実紀』から拾うと、左のようになる。

寛永二十年（一六四三）　五つ五分壱毛余（五五・〇一パーセントあまり）
正保元年（一六四四）　五つ三分五厘八毛余（五三・五八パーセントあまり）
正保二年（一六四五）　四つ六分九厘九毛余（四六・九九パーセントあまり）
正保三年（一六四六）　四つ三分七厘六毛余（四三・七六パーセントあまり）

庄司吉之助の論文「会津藩」（『新編　物語藩史』第二巻）によると、加藤明成時代の寛政十七年（一六四〇）の平均免は五四・九九パーセント。正之の会津入り以降四十五年間のそれは五二・五パーセントあまりとなり、加藤時代より約二・四九パーセントも低い。

しかも正之は納税方法を米と金・銀・銭五分五分とした上で、米八斗を一両とみなした。先に正之が納入を免除した税金六千三百両に触れたくだりで、「年貢（金納分）」と注を入れておいたのもそのためだが、この八斗＝一両という相場は一般の米価に較べて農民たちに有利であり、すべてを米で納めた場合の平均免に換算すると四五・七パーセントあまりにしかならなかったという。

このような角度から見ても、正之が暴利を貪ろうとしない知的な藩主だったことがよくうかがえるのだ。

しかし、保科正之を真の名君たらしめた大事業は、社倉（しゃそう）制度を考案し、領内の飢饉の発生を未然に防いだばかりか、その社倉米を基金として老人たちに身分男女の別なく老養扶持を終生与えつづけるという画期的な福祉制度を創設したことにほかならない。

そこで、正之がなぜ社倉制度を作ろうと思い立ったかを振り返っておこう。

社倉とは飢饉のときなどに貧民を救うために設けられた穀倉のことで、中国では早くも隋王朝（五八一―六一八）の時代に置かれたという。朱子学を深く学ぶうちに正之は朱子考案の社倉法を知り、会津藩政に応用したと思われるので、まずは朱子の社倉から見てゆきたい。

乾道四年（一一六八）、南宋の建寧府崇安県にいた朱子は、官庁から粟六百石を得て民を飢餓から救った。するとその年は豊作だったため、民たちは受け取った量に等しい粟を返還できたので朱子はこの六百石を倉に保存して貸借を願う者たちに貸し出し、返却される際には二割の利子を取ることにした。しかし、翌年に小さな飢饉が発生したなら利息は半分の一割とし、大飢饉であったなら利子を免除することにした（曾我部静雄『宋代政経史の研究』）。

正之はこれを知って、会津入りから十一年後の承応三年（一六五四）冬から社倉の設置を検討。翌年春、ついに「社倉法」を定めた。

『家世実紀』承応四年三月二十七日の項にいう。

「御領中万一凶年（凶作）の節、百姓共お扶けなされたき思し召しにつき、米六、七千俵お買い上げ仰せつけられ、お代官へお預け置かれ、（これまで）小売の米を借り候百姓共へ、利安くお貸しなされ、其米をもって自然の時分（万一の時）は、百姓共お扶けなさるべく思し召しの旨仰せ出さる。（略）かねて仰せつけられ候通り、如何様にも百姓共（の）ためにお貸しなさる米にて、少しも御自分のおために貸され候儀にてこれなく候」

自分のためではなく、農民たちのことを思うがゆえに社倉を置くのだ、と断言しているところに正之の覚悟のほどが感じられる。

家老や軍奉行たちも賛成したので、正之は金十両につき五斗俵で七十三俵の代価で計七千十五俵一斗四升（三千五百七石六斗四升）の米を買い上げさせ、郡役所を窓口として困窮者たちに貸し出すことにした。藩庁の支出は、九百六十一両。

その貸し出し条件は、左のように定められた。

一．郷村への救助米は、高百石につき八俵の割合とする。

二．困窮の郷村へは、米を与える場合と貸す場合とがある。

三．川堤や籾蔵の造成などのため郷村へ出張する者には、給金および宿泊費としてこれを与える。

四．あらたに帰農する者、領外からきた百姓、郷村にて屋敷替えをした百姓、ならびに類火

　に遭った百姓にもこれを与える。

五．新田を開発した者にも、夫食（食料）として米を与える。

六．雨乞いの費用、百姓たちへの褒美としても米を与える。

七．町人が類火に遭った時も、これにおなじ。

以下、「三」「五」「六」の項目については付記すると、日本古代の税法（班田収授法）において租庸調とは、租が二束二把の稲、庸が年に十日の労役、調は布その他の特産物を上納することをいった。労役に服する代わりに金銭を支払うことも可能であり、江戸時代を迎えてからも幕府や諸藩では道普請や川の流れの付け直しのために領民たちを動員することがあって、これを課役と称した。

課役に対する支払いは幕府や諸藩にとっては臨時の出費だが、正之は朱子の社倉法を一歩進め、社倉米を課役に対する支払いや援助金、見舞金にも使うことがある、として用途に幅を持たせたのだ。

つづけて同書同日の項に記された「郷村への貸し方定め」には、二十俵以上を一度に貸し出すときは二割の利子を取る、とある。この利率が朱子の実行した社倉法と同一であることからも、正之が朱子を手本として会津藩に社倉制度を導入したことははっきりしている。

しかし、社倉米を借りた者が、翌年も凶作がつづいて利息分ばかりか年貢も払えない場合もあり得る。正之はこのようなときに備えて対策を立てることも忘れてはいなかった。

朱子は「翌年に小さな飢饉が発生したなら利息は半分の一割とし、大飢饉であったなら利子を免除することにした」と先に述べた。

これに対して正之は「二」にあるように、事情によっては社倉米を無利子で貸し出すこともある、とした。のみならず、利子つきで貸し出したときも、

「其百姓の強弱により郡役所にて吟味の上、翌年暮か二年三年ほどの延金（利息の支払い延期）にもいたすべし」

とまことに鷹揚な方針を立てた。朱子の手法をそのまま導入するのではなく、「延金」の期間を引き延ばすなどしてより弾力的な社倉制度を工夫したところに正之の高い知性と独創性が感じられる。

「つねに凶作や飢饉を恐れている農民たちにとってこんなありがたい制度はなかった。これこそ会津藩の民政・農政のもっとも重要な柱であり、会津藩の国力は社倉制度の導入によってますます強固なものになってゆくのである」（『慈悲の名君　保科正之』）

と、かつて私は書いたことがあった。こういう勝れた大名政治家を名君というのである。

社倉米ついに五万俵に

それでは社倉米は、いつどのように貸与されていたのであろうか。また、初め七千俵あまりからスタートした社倉は、どのように拡充されていったのであろうか。『家世実紀』第一巻、第二巻および『会津松平家譜』のめぼしい記事を要約し、略年表風にして示すと左のようになる。

明暦1年（1655）暮、社倉は百姓どもに喜ばれ、元利合計８４００俵（利息分として１４００俵増加）となる。

同　2年（1656）、1万80俵となる。

万治1年（1658）10月15日、火事に遭った百姓町人ひとりにつき3俵を貸し出し。12月14日、諸品値上がりにつき町方難渋の者９０００人に1日につき玄米2合ずつを支給、結果として餓死者なし。

同　2年（1659）7月4日、城下の材木商6人に１５０両貸し、年に30両ずつ5年で返済させる（社倉には社倉米とともに社倉金も貯えられるようになっていた）。

寛文1年（1661）閏8月21日、南山御蔵入り領が台風と氷雨で飢渇に及んだため、男女264人に5カ月間で89石8斗5升を支給。この年から5年間の社倉米の発出量は、4斗俵にして年平均710俵。

同　3年（1663）4月、封内1万石の地ごとに社倉を造るのに150～160両の支出があったが、5斗俵で2万3000俵の貯蔵となる。

同　6年（1666）7月20日、町方難渋につき3300俵を発出。この年は米価が上がって金10両で32俵しか買えなかったが、正之は金10両で37俵と定めて発出し「これは救助のためなのだから損をしてもかまわぬ」と発言。

正之のこのような決断力とノブレス・オブリージュの精神により、会津藩は飢饉に襲われても長く餓死者を出さずに済んだのである。ノブレス・オブリージュとは「高い身分の者には身分にふさわしい行動が求められる」というフランスの諺だが、江戸時代を振り返った場合、この精神をもっともよく体現していた大名政治家は保科正之であったろう。

また会津藩の社倉制度について付言しておきたいのは、寛文九年（一六六九）四月に正之が引退したのを受けて二代藩主となった四男の正経、天和元年（一六八一）十月に三代藩主となった六男の正容（まさかた）も一貫して社倉の拡充に努めたことである。

以下、正経時代の出来事を見よう。

寛文9年（1669）7月、社倉米を5万俵とする。11月、南山御蔵入り領の諸村にも社倉を造り、凶荒に備えさせる。

同　12年（1672）、南山御蔵入り領の社倉に4020両余の社倉金を備えさせる。10月、封内1800余座の大小の神社を調査し、由緒ある260余座の古社以外は田んぼとしてその年貢米は社倉に納める。

延宝3年（1675）2月、越後長岡藩主牧野忠成（ただなり）、餓死者2万人を出した飢饉に苦しみ、会津藩に借米を申し入れ。これに応じて米2000俵、大豆1000俵を貸与。

延宝三年は会津藩も凶作だったのだが、社倉が充実していたので長岡藩の急の依頼に応じることができたのだ。なお長岡藩に社倉が置かれたのは慶応四年（一八六八）に越後口戊辰戦争が起こる直前だといえば、会津藩の先見性がよくおわかりいただけよう。

さらに、五代将軍綱吉の命によって保科姓から松平姓に変わった正容の時代も眺めておこう。

正徳2年（1712）6月、6代将軍家宣（いえのぶ）、会津藩から南山御蔵入り領を返却させる。社倉に麦を加える。

同　3年（1713）2月、南山の郷頭（ごうがしら）5人江戸に出て、元通り会津藩の支配下に入りたい、と嘆願するも許されず。

享保2年（1717）2月、社倉米と社倉金をふやす。

同　7年（1722）2月、8代将軍吉宗、正容と対面し、「会津の社倉法大いによし、幕府もいずれ実施すべし」と語る。南山、元通り会津藩の御蔵入り領となる。

収奪の厳しい藩の領民は藩庁に抵抗して逃散（ちょうさん）や一揆をこころみるが、南山御蔵入り領の郷頭たちは会津藩が同地方にも社倉を設け、四千二十両もの社倉金を用意してくれたため、会津藩の預かり領のままでいたい、と幕府に訴えたのである。社倉制度が、会津藩領の農民たちにとり一種の安全装置として充分に機能していたことが察せられる。

人口を増加させる知恵

保科正之とその子供たちがこうして社倉制度を充実させた結果、会津藩にはある大きな変化が起こった。民口（藩士以外の人口）がかなりのハイペースで増加していったのだった。

残念ながら正保四年（一六四七）までの民口に関するデータはないが、慶安元年（一六四八）以降のそれについては『会津松平家譜』によって増加率を把握することができる。

慶安1年（1648）の民口は、11万余人。
同年から寛文8年（1668）に至る20年間の平均は、12万7060人。
寛文9年（1669）から延宝8年（1680）までの12年間の平均は、15万2000余人。
享保3年（1718）の民口は、16万9217人。

正之が生涯をおえた延宝元年の民口も十五万二千余人と考えるしかないが、慶安元年の十一万余人を一〇〇パーセントとすると、十五万二千余人は三八・二パーセント増。享保三年の十六万九千二百十七人に至っては、五三・八パーセントもの増加である。

年貢率を下げると、下がった分だけ農民たちの暮らしは楽になる。そこへ社倉制度が導入され、飢饉の年にも命の存続が保証されれば、領民たちは不安を感じずに子を産むことができるから民口はふえる。正之は会津藩政によって、十七世紀半ばに早くも以上のような定理があることを身をもって証明してみせたのだ。

ひるがえって現代の日本の人口動態を見ると、長期減少傾向にあることをどの政権も克服できておらず、この平成二十九年（二〇一七）六月の総人口は一億二千六百七十四万人と、前年同月比で二十三万人も減ってしまった。現代の政治家は、正之のような先人に学ぶべきところが多いはずである。

しかも当時の民口は国力に等しく、民口がふえることは既存の田を耕すだけではなく新田開発にも勢いがつくことを意味した。庄司吉之助「会津藩」は正之の時代の史料「新妻氏存寄(ぞんじより)書」に、

「民勢さし潮の如く盛ん成事(なること)に御座候」

とあるのを示して正之の手腕のほどを伝えている。

しかし、社倉制度を二段式ロケットの一段目にたとえるならば、寛文三年（一六六三）七月二十五日、正之はより注目すべき第二段目のロケットを噴射してみせた。すなわちこの日、江戸在府中の正之は国家老たちに「御政事(おまつりごと)御執行の御趣意」を伝えたのである。

私が注目したいのはそのうちの三項目なので、これをⅠからⅢとし、初めにその綱文（見出し）を提示する。

Ⅰ　九十以上の者へ、老養扶持を下さるの旨仰せ出さる。

Ⅱ　火葬ならびに産子（新生児）を殺し候儀、宜しからざるの旨御教諭仰せ出さる。

Ⅲ　旅人煩い候節の取扱い御定め仰せ出さる。

『家世実紀』巻之二十三、同年同日の項にはⅠからⅢの詳しい解説が記載されている。その文章は『保科正之』『慈悲の名君　保科正之』の両方に紹介しておいたので、今回は趣旨だけ押さえておく。

ⅠからⅢまでを大づかみに眺めると、これら三項目が領民たちの「揺り籠から墓場まで」をいかに充実したものとするか、という観点から考え出された法令集であることが知れる。

まず新生児については「産子殺し」（間引き）という悪習があるが、これは「不慈なる事」だとよく教えよ、とⅡの解説にある。これは正之の人道主義的感覚であると同時に、現代日本のような人口激減による国力の衰退を抑えるための知恵でもある。

Ⅲの旅人とは、人々が藩の内外を勝手に旅することは許されていない時代のことだから、領民が必要に応じて領内を移動する場合を指している。そして正之は、もしその旅人が路上で倒れたり宿で病みつき、手元不如意（ふにょい）だったりしたときは医者に診せよ、医者がいなければ町奉行に報じよ、必要経費は藩が引き受ける、もしほおっておいて旅人が死んだときは大名主・名主・近所の者たちの責任を問う、とした。

こうして次第に老いた領民たちが九十歳に達したときの対策がIであり、

「今後領内貴賤男女を撰ばず、九十以上の者へ老養の御扶持壱人分宛下（いちにんぶんずつ）され候旨仰せ出され候」

というのがその詳細である。九十歳に達した老人には貴賤男女の別を問わず、老養扶持として終生一人扶持（一日に玄米五合、年に一石八斗）を与えつづける、足腰の弱っている者は代理人に取りに来させてもよい、とするまことにユニークな老人福祉を正之は実践したのだ。

会津藩には以前から、孝子を表彰するときには年に一人扶持を与えるという制度があった。窮民に社倉米を与える制度はこの延長上にあらわれたものともみなし得るし、その一人扶持を孝子ではなく長生きした者たちに与える、と考えればこのような老人福祉に思い至る。葬儀の際に火葬を禁じるというのは正之の信仰した神道の考え方であるが、以上の記述によって正之が領民たちの孝子時代から旅に出ることもある壮年の者、老いて無収入となり孤独死する危険もある高齢者までに一貫して気配りしていたことが知れるのである。

掛金なしの国民年金

会津藩のこの老養扶持制度は、現代の国民年金制度にきわめて似ている。現在の受給資格年齢は原則六十五歳とされており、同藩の九十歳より二十五年も早いが、老養扶持制度の方が勝れている面もある。現在の国民年金は二十歳から六十歳まで四十年間も保険料（掛金）を納めたあげくに支給されるのに対し、老養扶持制度にあっては掛金が設定されていないことである。

日本で初めて国民年金法が制定されたのは、昭和三十四年（一九五九）のこと。同三十六年（一九六一）から実施され、同六十一年には基礎年金を柱とするシステムとなったが、この年金法の制定に貢献した坂田道太厚生相（当時）は、同四十年代半ばに会津若松市を訪問。「三百年以前、既に会津という自然環境の中で為政者の人格と精神とによって立派な老人福祉・社会福祉事業の実践が見られた事実を驚嘆された」（相田泰三『保科正之公伝』）という話は、私も『保科正之』の出版直後にすでに政界を引退されていた坂田氏から直接うかがったことがある。正之の政治に、日本は昭和三十年代半ば過ぎにようやく追いつくことができたのだ。

また正之制定の救急医療制度・老養扶持制度を傷病保険・養老保険とみなすならば、これを国家の政策として初めて採用したのはドイツ第二帝国、指導者はビスマルク首相、時期は一八八〇年ごろとされている。これに較べて正之の福祉政策は約二百二十年も早く実践され、しかも掛金を求めることをしなかった。

われわれ日本人は、この保科正之を先達として生きていることをもっと誇りに思ってよいのではあるまいか。

ちなみに寛文三年の時点で九十歳に達していた者は会津藩保科家の家中に四人、町方に十一人、郷村に百四十人、合わせて百五十五人いた。

「その者どもへ当八月十一日より御扶持下され候旨、銘々申し渡し候えば、そのうち歩行の叶い候者は自身若松へまかり出、叶い難き者は子共（子供）或いは弟など差し越し、いずれも感涙を流し、有難きお恵みの由くれぐれ御礼これを申し上ぐ」（『家世実紀』第二巻、同日の項）

という記述が公式の記録だが、一年間の老養扶持の発出量は、一石八斗掛ける百五十五人だから二百七十九石。表高二十三万石の会津にとって、この発出量が藩財政に響くとは思えない。福祉政策を実践するに際してまず必要なのは、指導者の「やる気」なのである。

その意味でもヒューマニズムということばさえ伝わっていなかった江戸時代初期に老養扶持

制度を創設した正之は、不世出の大名政治家であった。

第五章

将軍家光の「託孤の遺命」

将軍輔弼役を命じられて

徳川三代将軍家光は、家族愛に恵まれない人であった。父秀忠とその正室お江与の方は家光よりも実弟の忠長を猫可愛がりしたし、家光はその忠長があまりに狂暴な性格をあらわしたため、寛永十年（一六三三）十二月六日、謹慎先の上州高崎城で切腹するよう仕向けざるを得なかった（本シリーズの第一巻『熊本城物語』「第二章　加藤家はなぜ滅びたか」参照）。

また家光の正室は関白左大臣鷹司（たかつかさ）信房の娘公姫（きんひめ）であり、寛永二年（一六二五）、二十四歳のとき家光に嫁いだ。家光は二十二歳だから二歳上の御台所（みだいどころ）だったが、ふたりは琴瑟（きんしつ）相和することなく子供も出来ず、御台所は中の丸へ移され中の丸のお方と呼ばれて生涯をおえる。

中の丸のお方に替わって大奥に妍（けん）を競い合ったのはお振の方、お楽の方、お夏の方、お玉の方、お万の方、お里佐の方、お琴の方などであり（「幕府祚胤伝」『史料徳川夫人伝』）、家光はこれらの側室たちとの間に五男一女をもうけた（男子ふたり早世）。

そのうち徳川家伝統の嫡男の幼名竹千代を継いだのは、寛永十八年（一六四一）八月三日、お楽の方が産んだのちの四代将軍家綱である。家綱がわずか五歳にして元服することになったとき、家光がその理髪役に指名したのは山形藩主として非凡な才能を発揮しつつある保科正之であった。

『会津松平家譜』正保二年（一六四五）四月の項にいう。

「二十三日徳川家綱元服す。大将軍正之に命じて理髪役せしめ、盃及び其の佩る所の刀を賜ふ。（略）正之大将軍に太刀及び来国光の刀。世子（家綱）に守家の太刀、行光の刀及び鞍馬を献じて之を賀す」

正之は、次期将軍の烏帽子親を務めるという武門最高の名誉な役を割り振られたのだ。おなじ史料の慶安四年（一六五一）の項には、つぎのようにある。

「四月六日大将軍服するところの萌黄直垂、及び烏帽子を正之に賜ひて曰く、自今代々此の色の直垂を用ふべし。平生の行装も亦大将軍の鹵簿（行列）を模すべしと」

家光は萌黄紗の直垂を好んだので、諸大名が同色の衣装を着るのを控えた結果、萌黄色は禁色のような扱いとなっていた。その萌黄紗の衣装を着て将軍とおなじ規模の行列を組めとは、副将軍としてふるまうように、という意味である。

それにしても元服とは精通の起こる十三歳になってからおこなわれることが多く、五歳での元服はちょっと早すぎる。正之に将軍と同格の者として行動せよ、というのも、ただの兄弟愛という理由では説明しにくい行為である。

実は家光は、慶安四年正月三日に鷹狩に出かけたまでは良かったが、六日から急に気分が萎え、中奥の寝所にひきこもったままになってしまった。私はその病状について、かつてつぎのように書いたことがある。

「からだのどこに病巣がある、というのではない。今日にいう老人性鬱病のごとき症状で、ある日急に気分が晴れやかになったかと思うとまた気鬱になる、ということをくりかえしながら、家光はじょじょに病み衰えていった」（『名君の碑　保科正之の生涯』）

　四月六日、病がやや小康状態となったため、家光は正之こそ将軍に準じる者であることを天下に明らかにしておきたく思い、衣装と鹵簿の組み方に注文をつけたのだ。

　その病がにわかに革まったのは、十九日夜半のこと。翌二十日、将軍の臨終のとき迫ると知って在府の大名旗本たちが続々と登城すると、大老酒井忠勝が徳川御三家の当主（尾張名古屋藩主徳川光友、紀州和歌山藩主徳川頼宣、常陸水戸藩主徳川頼房）に家光の遺言を伝達。ついで越後高田藩主松平光長、信州松本藩主松平直政、加賀金沢藩主前田利常（正妻は秀忠の娘）にも遺言が伝えられてから、正之が特に寝所奥座敷へ招き入れられた。

　このとき老中のひとり堀田正盛に支えられて上体を起こした家光と正之とのやりとりは『千載之松』に詳しいが、ここではこの史料を元にして描いた右の拙作中の場面を引く。

「『ひ、肥後よ、弟よ』

家光は、とがった喉仏を上げ下げしてようやくいった。

『そ、その方、余の恩を忘れてはおるまいの』

『はい』

正之は頬に熱いものが伝うのを感じながら、力をこめてうなずいた。

『骨髄に徹し、片時たりとも忘れたことはござりませぬ』

『――そうか』

家光は、弱しくはあるがうれしそうな笑みを浮かべてつづけた。

『知ってのとおり、大納言（家綱）はまだ十一歳じゃ。そちに頼みおくぞ』

家光はもっとも信頼する正之に、次期将軍家綱の輔弼役たれ、と遺言したのである。

『はっ、誓って身命をなげうちまして、大納言さまに御奉公つかまつりまする』

声涙ともに下る思いで、正之は答えた。

『はばかりながら、その儀におきましてはどうかお心安んじて下さりませ』

『ああ。それを聞いて、余は安心いたした』

家光の呼吸が、急に切迫したのはこの時であった。」

徳川家康が江戸幕府の初代将軍だったのは、慶長八年（一六〇三）六十二歳の年から三年間

(以降は大御所)。二代将軍秀忠の在職は慶長十年(一六〇五)二十七歳のときからの十八年間(以降は大御所)であり、家光は元和九年(一六二三)二十歳のときから慶安四年、四十八歳で病没するまで在職した。もっとも若くして将軍となった家光でも二十歳だったから大老・老中たちは幕政に関与するだけでよかったが、十一歳の幼将軍には教育係を兼ねつつ大老・老中たちを指導するという、より強い立場の人物も必要なので、将軍輔弼役という特別職が置かれることになったのだ。

死にゆく家光が最後に正之に家綱将軍の輔弼役たれと命じたことを、会津史では「託孤の遺命」(『会津松平家譜』)という。

武断政治から文治主義へ

以後五年間のことは、本章とあまり関係がないのでまず略年表風に眺め、必要な事項には追ってコメントを加える。

慶安4年(1651)4月20日、家光病没。老中堀田正盛、おなじく阿部重次ら殉死。5月8日、家光の遺体を日光に埋葬。7月9日、三河刈谷藩主松平定政、幕政を批判して出家。同月23日、由比正雪の国家顚覆計画発覚し、慶安事件起こって正雪は駿府で自殺。8月18日、江戸城に勅使を迎えて家綱の将軍宣下がおこなわれる。10月、末期養子の禁の緩和。

承応1年（1652）9月13日、別木庄左衛門ら浪人たちによる国家顚覆事件発覚、いわゆる承応事件（21日処刑）。12月、正之は幼君に仕える心構えを説いた『輔養篇』を編纂させ、家綱に献上したばかりか近習たちにも配布。

承応2年（1653）1月13日、幕府、江戸麹町・芝口の町人らの要求に応え、玉川上水の開削に金7500両を出費。10〜11月、正之は家綱の右大臣受任のため代理として上洛。従三位、中将の官位官職を与えられるが従三位を辞退し、正四位下に叙される。

同　3年（1654）6月20日、玉川上水開削なる。この年、会津藩は酷刑を廃止。

明暦1年（1655）3月29日、正之、会津藩領で社倉制度を開始。

武家政権の担当者が交代すると、殉死者が出たり物価が上がったりして社会不安が起こりがちである。その不安に便乗して国家顚覆を企む輩があらわれたわけだが、慶安事件と承応事件に際し、町奉行所はいずれも一味が武装蜂起する前に取り締まることができた。

それにしても、巷にはなぜこうも不穏なことを企む浪人たちが多かったのか。理由は簡単、秀忠・家光が二代にわたり、大名家を改易し過ぎたためにその家臣たちが浪人となり、山賊強盗の類と化して社会不安を拡大したのだ。

秀忠に改易された大名家は、外様が二十三人、一門ないし譜代が十六人、計三十九人。家光に改易されたそれは、外様が二十九人、譜代ないし親藩が二十人の計四十九人。総石高は四百万石に達していた。

ならば、「風が吹けば桶屋がもうかる」ではないが以下のような論理が成立する。

①社会不安を解消するには、浪人の数を減らせばよい。②それには浪人たちの元の奉公先である大名家の改易を減らせばよい。③改易理由としては「嗣子なくして断絶」とされるケースが多く、このような断絶がめだつのは末期養子（当主に死が迫ってから迎える養子）が禁じられていることによる。④ならば、事情によっては末期養子を取ることを認めればよい。

このような論理から導き出されたのが、当主が五十歳以下の大名家には末期養子を取ることを認めるとしたこと。すなわち「末期養子の禁の緩和」であり、並行して正之たちは諸大名家に浪人たちを再就職させることに努めた。

正之が将軍輔弼役になってから初めての幕政の変化が、このような人道主義的政策の導入であったことはきわめて意義深い。

これまでの幕政は、圧倒的な武力を背景とする武断政治であった。しかし、幕政は関ヶ原の合戦から見れば戦後世代、いわば「戦争を知らない子供たち」ではあるが四書五経をよく学んで人としてどう生きるかを考える正之や「知恵伊豆」こと老中松平信綱（忍藩主のち川越藩主）の活躍期を迎え、為政者の知性と政治力によって国を治める文治主義の時代を開幕させようとしていたのであった。

玉川上水開削の決断

つぎに、承応二年一月に幕府が玉川上水の開削に七千五百両を投じた背景を見る。

天正八年（一五八〇）八月の家康の江戸入り以来、この日本の首都の問題点は水に不自由なことであった。当時はまだ江戸湾の海岸線が江戸城近くまで迫っていたため水が塩辛く、井戸を掘っても技術が未熟なため岩盤に溜まった金気臭い水しか汲めなかった。

そのため家康は、江戸入りに先んじて小石川上水（のちの神田上水）を開削。慶長八年（一六〇三）には赤坂溜池の水を引いた赤坂上水（溜池上水）も造られた。

それからちょうど五十年。保科正之、松平信綱らの努力で幕府が安定期を迎えると、江戸の人口は膨張の一途をたどり、水不足はおのずと深刻さを増してきていた。
かねがねこの問題を研究していた江戸南町奉行神尾元勝は、武州の羽村から四谷大木戸までの十三里に多摩川の水を引きこんだ上水を通せばよい、と判断。幕府（実は正之）がこれにゴーサインを出して掘削開始となったのだが、これはすんなりと決まったわけではなかった。
「江戸水に乏く之を困む。正之玉川の水を引きて用水と為さんと欲す。人或は不虞の要害（万一の事があり得る城）に宜しからざるを議す。正之曰く、一国一城の小城は堅固なるを以て主とす。天下（の）府城は万民の便利安居を以て第一とすと。其の議乃ち決し十余里の渠を掘る」（『会津松平家譜』万治二年〈一六五八〉の項）
ほぼ同様の記述は『千載之松』にもあるが、この時代の国家プロジェクト玉川上水掘削問題は、さらに周辺の史料に記述される事情も盛りこんで要約すれば左のように進んでいったと判定できる。
①神尾元勝が玉川上水を造りたいと発想し、庄右衛門・清右衛門兄弟（のち玉川姓）にルート調査を依頼。②麹町、芝口の江戸っ子たちの嘆願もあって、この件は幕議に掛けられたが、長さ十三里もある長大な水路を掘削し、その水路伝いに由比正雪や別木庄左衛門の一味の者が侵入してきたらどうする、と武断派の幕閣たちは掘削に反対。③ひとり保科正之のみは、首都

の城においては堅固さより万民の幸福を第一の優先事項とすべきだ、として断固掘削を主張。幕閣もこの論理に納得し、七千五百両の支出を決定した。

正之の主張したところは、第四章で眺めた会津の領民たちに対する人道主義的な政策の数々と精神において軌を一（いつ）にしており、正之がブレない心の持ち主であったことをよく示している。

なお玉川上水掘削問題にはまだつづきがあるので、通水成功までのプロセスを略記しておく。

④関東郡代伊那忠治を玉川上水道奉行として庄右衛門・清右衛門兄弟の掘った水路は、水喰土（みずくらいど）といわれるすべての水を飲みこむ土地にぶつかり、失敗に終わる。⑤老中松平信綱（川越藩主）が水盛り（測量）の巧者である家臣安松金右衛門（やすまつきんえもん）に水盛りをやり直しさせ、承応三年六月二十日、ついに開削と通水に成功。川越藩はその水量の三分の一をもらい、領内に野火止（のびどめ）用水を引きこむ。⑥玉川上水が通水したため、それまでただの原野に過ぎなかった武蔵野では分水による水田耕作が可能になり、高井戸新田ほか四十カ村が誕生して多摩地方における農村の原風景を作り上げる。

「保科正之公がいなければ、太宰治は玉川上水で入水（じゅすい）自殺することはできなかった」

とは、かつて私が会津の人から聞いたジョークである。しかし、今日の東京では玉川上水は玉川兄弟が造ったとする誤伝が小学生たちにも教えられており、史実が教育界で歪められている。羽村の玉川上水取り入れ口に建つ玉川兄弟像は、保科正之像に差し替えた方がよろしいのではあるまいか。

酷刑を廃止する近代的感覚

本章の最後に、略年表風の記述で承応三年（一六五四）のこととした「会津藩は酷刑を廃止」という項目に注を加えておきたい。

酷刑とは残酷な刑罰という意味で、具体的には正之の会津入りまで会津でおこなわれていた牛裂き、釜茹（ゆ）で、焼松（たいまつ）炙（あぶ）りを指している。正之が初めてこれらの酷刑を知ったときの反応は、儒学者として正之に仕えた横田俊益（としやす）の著書『土津（はにつ）霊神言行録』に記録されている。

「公これを聞いて曰く、これみな惨酷の至りなり、ここにおいて有司に命じて曰く、今より以後この刑を行うなかれ、もし大罪の者あらば、まさに烈火をもって急ぎこれを焚殺（ふんさつ）すべし、焼松炙りの如きは嬲（なぶ）り殺しというべきなり、又、刑を弄（もてあそ）ぶというべきなり、況（いわ）んや牛裂き、釜煮（に）え（釜茹で）の刑、一切用ゆべからず」（読み下し筆者）

正之は罪と刑罰とはきちんと対応しているべきであると考え、刑吏（けいり）がいたずらに死刑囚の命をもてあそぶのに似た酷刑は禁止することにしたのである。この近代的な発想もまた、正之の人道主義のあらわれといってよいだろう。

第六章

明暦の大火

江戸の六割が焼野原

「疾風に勁草を知る」(『後漢書』)

という成句は、強風は吹いて初めて風に吹き折れない強い草がわかるという意味から転じて、苦難や事変に遭遇して初めてその人の意志や節操の強固さが知れる、というたとえとして用いられる、と前述した。

将軍輔弼役保科正之という「勁草」が幕閣たちに対するリーダーシップを遺憾なく発揮してみせたのは、江戸はじまって以来の大災害「明暦の大火」が発生したときのことであった。本章では当時の正之の言動を追ってゆくが、「明暦の大火」は「明暦の江戸大火」ともいわれ『日本史広辞典』はこちらの表現を立項している。

とりあえずその項によって、この歴史的大災害の輪郭を頭に入れておこう。

「**めいれきのえどたいか【明暦の江戸大火】** 振袖火事とも。一六五七年(明暦三)の江戸大火。(略)一月一八日午後、本郷丸山本妙寺から出火、北西の強風にあおられ燃え広がった。一九日には小石川新鷹匠町、麹町五丁目からも出火、二〇日朝に鎮火するまで、二昼夜にわたり、江戸市中の大部分を焼失。江戸城も天守閣が焼け落ちたのをはじめ本丸・二の丸・三の丸殿舎

明暦の大火（『むさしあぶみ』より）

を焼いた。一説には、焼失した大名屋敷一六〇軒、旗本屋敷七七〇余軒、寺社三五〇余カ所、町屋四〇〇町余で、死者は一〇万余とする。（以下略）」

では一月十八日のことから見てゆくと、前年十月末以来およそ八十日間江戸には降雨がなかったところへもってきて朝から北風が強く、土ぼこりが舞って五、六間先の物の色目も見えない状態のなか、九ツ半（午後一時）過ぎに本郷六丁目の本妙寺から出火したのである。

東京都が昭和五十四年（一九七九）に発行した『東京百年史』第一巻の記述が大変わかりやすいので、これによって十八日の日の進路を押さえておこう。

「火は烈火にあふられ、たちた（ま）ち本郷一帯をなめつくし、さらに湯島にのび、旅籠町からはるかにへだたった掘割りをとびこえて駿河台に移った。（略）さらに鷹匠町の大名小路にある数百軒の武家屋敷を灰燼と化し、町家を含めて鎌倉河岸（内神田＝筆者注）まで焼き払った。夕方から西風にかわったため、そこから飛火して七、八町はなれた鞘町辺に燃え移り、八丁堀から霊岸島・石川島・佃島にいたる下町一帯を見るかぎり焼野原にしてしまった。多数の男女が業火を逃れて霊巌寺の境内に避難してほっとするまもなく、こんどは寺の堂塔に火がついたため、焔を浴びて悶死したり、海に飛込んで凍死する者九千六百余人にのぼった。さらにべつの飛火は、北は神田柳原から浅草橋見附、東は深川、南は京橋、鉄砲洲辺まで焼き通した」（ルビ筆者、以下おなじ）

つづいて、十九日の様子である。

「十八日の昼夜を通して荒狂った猛火も、翌十九日午前四時ごろにようやくおさまった。風上に住んでいたためさいわい焼残った人はほっとして、類焼した親類・知人の見舞いや救済にとりかかった。ところが午前十時ごろふたたび小石川から火が出た。新鷹匠町の大番与力の屋敷がその火元であった。はげしい北風にあふられて二十余カ所に飛火し、広大な水戸屋敷をはじめ、飯田町から焼残りの神田一帯を焼払い、堀をこえて常盤橋門内の細川・池田・山内・蜂須賀などの大大名の屋敷も灰燼に帰した。大名屋敷だけでも七十二カ所に達したという。郭内の大名屋敷に火が入れば、江戸城だけ無事でいられるはずはない。ついに本丸が天守閣とともに焼け落ち、ついで二丸・三丸までほとんど焼失した。わずかに西丸だけが難を免かれた。夕刻四時ごろから西風にかわったため、この火は八重洲河岸から京橋・中橋の町人町を焼払った。
京橋から鉄砲洲まで焼いた火は、午後六時ごろに海際でとまった。しかし二時間ほど前に麹町五丁目の民家から出た火は、折からの西風にのって紅葉山（江戸城本丸・西丸の西側）へ吹きつけ、西丸も一時危かったが、にわかに西風が北風にかわったためからう（ろ）じて危機を脱した。だが猛火は南へ転じて外桜田から西丸下の大名小路まで焼きとおった。こうして十八日昼過ぎにはじまった大火は、二十日朝八時ごろにいたってようやく鎮火した」

同書の紹介する三種の史料に記された焼死者の数を書き出しておこう。

『寛明事蹟録』は三万七千余人、「此外数不知」とする。

『むさしあぶみ』は十万二千百余人とし、京橋一帯の死者だけで「をよそ二万六千余人」とする。

『本所回向院記』は合計十万余人とする。

ところで江戸の人口（民口）は、慶長八年（一六〇三）の開府後まもなくが十五万人、元禄六年（一六九三）が三十五万人だったといわれている。とすると明暦三年の人口二十七万人ほどと考えられるから、そのうち約十万人が死亡し、江戸市街の六割以上が焼野原となったという『東京百年史』の結論は、首都の事実上の潰滅を意味して余りある。

では、このとき保科正之がどのように動いたかを見てゆこう。

将軍は城外へ動座すべからず

『家世実紀』第一巻および『会津松平家譜』は、一月十八日の正之については言及していない。ということは、この日、正之は江戸城には火の手が及ばないと見て、外桜田の会津藩江戸上屋敷に待機していたのであろうか。

しかし十九日、ふたたび大火が起こって江戸城の上空を黒煙が覆ったため正之は本丸に登城し、未の中刻（午後二時過ぎ）、家綱を追って西の丸に移動した、と『家世実紀』は書いている。案ずるに正之は家綱に、火災が江戸城に迫ったならば本丸から西の丸に移られたし、と告げてあったようだ。

十九日の江戸城の火災と家綱の動きを追うと、その正史『厳有院殿御実紀』同日の項の後半にはこうある。

「これよりさき水戸（小石川の水戸藩邸）并に両典（家綱の弟の綱重と綱吉）の邸宅。本理殿（家光の正室中の丸のお方の殿舎）。天樹院殿（秀忠の娘千姫の殿舎）どもはや烏有となり。北風烈しく黒煙を吹かけ。本城にほのほふるがごとくなりしころ。天守二重目北西の銅窓の戸内より開き。火を吹こみ。天守先火になり。富士見櫓にもうつりければ。殊更人数を加へ。西大手。山里。吹上。外桜田を防がしめ。近習の輩のみ供奉して西城（西の丸）に移らせたまへば。後閤（奥殿）の女房をば留守居の人々引つれて御先にまかる」

明暦の大火前の江戸城天守閣（国立民俗博物館蔵）

　家綱が西の丸に移っても庭に炎が雨のように降り注ぐのを見て、大老酒井忠勝が家綱に提案した。

「昨日からの大火は天災ですが、賊徒の密計かも知れません。私の別荘にお移り下され」

　対して老中松平信綱は上野の徳川家菩提寺寛永寺、大老格の伊井直孝は自分の赤坂邸への動座を主張した。すると、もうひとりの老中阿部忠秋がかれらとは異なる意見を述べた。

「東照宮（家康）より四代、連綿として天下の主である御身が軽々しく外へ御動座してはなりません。たとえこの西の丸が焼け落ちても、山里のお庭へわたらせ給えば空地は広大でございます」

家綱がこの意見をもっともとしたので動座の件は否定された、と『厳有院殿御実紀』はつづいてゆく。要するに家綱の動座問題と正之との関係が記述から脱落してしまっているのだが、『家世実紀』同日の項の「西の丸へ移動した」と現代語訳したくだりのあとには長い割注があり、以下のように書かれている。

「御本丸へ火懸り候節、公方様上野へ立退遊ばされ然るべき由申す方多くこれあり候処、中将様（正之）聞こし召され、西丸へこそ御移りに成られて然るべく候、若し西丸も又焼亡に及び候はば、御本丸の焼跡に御陣屋建てられ御座遊ばさるべき事に候、上野などへお立退遊ばされ候ては、もっての外然るべからざる旨、仰せ止められ候由申し伝候」（原文は和風漢文、読み下し筆者）

同様の記述は『千載之松』や『武野燭談』にも見えるので、家綱の城外への動座については、①正之が家綱とともにまだ本丸にいるときにこれを不可とし、②西の丸へ移って酒井忠勝ほかが動座論を口にすると、③阿部忠秋が改めて反対論を唱えた、という順序で議論が進んだことが知れる。

天下人ともあろう者が、居城が火災に遭ったくらいであたふたと城外へ逃げ出すようでは鼎の軽重を問われるし、パニックに便乗して第二の慶安事件、承応事件を起こそうと企む輩があらわれないとも限らない。だから将軍は江戸城から動くべきではない、と正之は咄嗟に判断したのである。

私は本書の「はじめに」において、このときの正之の言動と平成二十三年（二〇一一）三月十一日に発生した東日本大震災、および福島第一原発事故の際の菅直人首相の行動の軽さとの比較をこころみた。繰り返しは慎みたいが、菅首相が「餅は餅屋」とは考えず混乱している現場に口出ししたことにより、ますます混乱の度合を強めてしまったのはまったく感心しなかった。リーダーには正之の動座不要論のように、大状況をよく考えた上で、異論を封じこめるに足る堂々たる正論を口にしてほしいものである。

さて、こうして将軍を城外には出さないという結論になったところ、綱重・綱吉兄弟と天樹院とがどこに難を避けたのかわからなくなってしまっていた。松平信綱と相談の上徒組の者たちをあちこちに派遣し、その居場所を確認したのも正之であり（『家世実紀』）、このエピソードは正之が前代未聞の大火のさなかにあってもまったく浮き足立っていなかったことを物語る。

さらに八重洲河岸一帯を焼野原にした火は、虎の門から愛宕山の下、増上寺門前から芝の方向へと津波のように進んでいった。芝浜には面積二万九千四百九十九坪の会津藩保科家の別邸があり、正之の家族が住んでいる。それを知る者のひとりが、

「君の芝邸必ず焼燼せん（きっと焼け落ちた）、家族は何処に避くるや」（『会津松平家譜』）

とたずねると、正之はきっぱりと答えた。

「此の時に臨みて私邸妻孥（妻子）を顧るに暇あらず」（同）

この未曾有の危機にあって、将軍輔弼役たる自分は危機管理のリーダーとして働かねばならない。だから私邸や妻子がどうなったかということなどに気を遣っている暇はない、と正之は応じたのである。

九年間も会津に帰国せず

右の史料にこの答えを返された者の反応が記されていないのは残念だが、正之の私心のなさはだれしもが知っていたはずである。というのも正之は慶安元年（一六四八）一月に参勤交代の制度に従って会津から江戸へ出府して以来、すでに九年間も帰国することなく江戸藩邸と江戸城とを往復する暮らしをつづけていたからだ。

前述したように、慶安元年一月とは家光が初めて体調を崩したときである。すでに会津の国許で社倉制度をスタートさせて藩政を安泰ならしめていた正之は、自分に活躍の場を与えつづけてくれた家光への感謝の思いから、幕府のために一身を捧げようとすでに決意していたのである。

つづけて正之がおこなったのは、下馬先に控えていた腰の物番の高橋市郎左衛門(いちろうざえもん)に命じ、外桜田の会津藩江戸上屋敷から蠟燭(ろうそく)、燭台を西の丸へ運ばせる一方、粥(かゆ)を煮て人々にふるまうことであった。天変地異に襲われた者たちがもっとも恐れるのは漆黒の闇であり、人は空腹になると苛立って不要なトラブルを起こしやすい。正之はこれらのことをよく承知していたため、まず当座の混乱を防ぐための対策を立てたのだ。

こうして西の丸に集まった幕府首脳たちを落ちつかせてから、正之はいよいよ災厄に対して非凡なリーダーシップを発揮しはじめた。

その最初のきっかけは、十九日のいつのことかは記録にないが、火がついに浅草の米蔵にかかり、とても防ぎようがない、と報じられたことにある。老中たちは火消(ひけし)を出し、何とかこれを鎮火させようとした。

浅草の米蔵には蔵米取りの旗本御家人たちに支給すべき米が集積されており、もしもこれがすべて焼けてしまっては、幕府がこの者たちに米を一粒も支給できなくなってしまうことになりかねない。すると、激昂した一部の者が暴動を起こす、といった事態も充分にあり得たからである。

だが、火消といってもこの時代にまだ町火消の制度は作られておらず、火消には大名火消と定火消しかいない。これら二種の火消たちは昨日来ことごとく出払っていると見るのが筋というもので、あらたに浅草へ向かう余力があるかどうかは知れたものではない。

正之がそう考えたかどうか定かではないが、ともかくかれは浅草へ火消を派遣することには反対であった。察するに正之は火消を出すと難民たちの群れと鉢合わせしてしまい、混乱に輪をかける事態になることを恐れたようだ。

そして正之は、こう指示した。

「火消人足に出動を命じてはならぬ。町人たちは家を失って路頭に迷い、食物に差し支えて飢えに瀕しているようだから、食物に困っている者ならばだれがまかり出て火を防ぎ、米を持ち出してもその米は与えるものとする、と触れ出せば消火と難民救済が同時に可能になるからこのようにいたそうではないか」（『千載之松』大意）

この逸話を初めて紹介した小著『保科正之』では、結果を左のようにまとめておいた。

「幕閣がこれに賛同したため早速布令したところ、窮民たちはたちまち火消に早変わりして浅草の米蔵に殺到した。そのため、むなしく焼失するかに見えた蔵米は窮民たちの救助米として大いに役立ち、火もおのずから消えて一石二鳥の効果を発揮したという」

同様の記述は『会津松平家譜』にもあるから、江戸がほぼ焼けて死者続出し、難民化した者たちが飢えに喘ぐかたわら旗本御家人たちの一年分の蔵米が失われようとしたとき、難民を火消として活躍させることによって飢餓の発生を防いだのが正之だったことがわかる。切羽詰まった大状況を一気に打開できる逆転の発想、それを即刻実行に移して人命を守り抜く決断力――このようなセンスをだれに教えられることもなく示してみせた人物は、日本史上に名君と呼ばれる者多しといえど正之ぐらいのものであろう。

この大火の死者は二十七万人中の約十万人と前述したが、これは正之が咄嗟に有効な策を講じたため犠牲者を何とか約十万人に押さえこんだ、とみなすべきことなのかも知れない。

迅速な難民救済

明暦の大火は一月二十日朝に鎮火したものの、生き残った者たちはその二十日から二十一日にかけて今度は大雪に見舞われた。焦熱地獄から八寒地獄へ拉致されたかのように、家を失い路傍に身を寄せていた人々からは凍死者が続出。幕府はこれらの被災者に暖を取らせると同時に飢えから救うべく、府内六カ所で粥の炊き出しを実行した。それには、浅草の米蔵に焼け残った米が一日一千俵ずつ七日間使われた、と『厳有院殿御実紀』にある。

しかし、家綱はまだ十七歳。浅草の米蔵を意識していたのは正之であり、その蔵米を庶民へ放出しようという発想も正之のものである。しかも、飢えた者は濃い粥を急に食べると死んでしまうことがあるため、薄い粥から食べさせてゆかねばならない。そこでこの炊き出しの粥としては、糜粥（びしゆく）（濃い粥と薄い粥）二種類が用意された。これも、飢饉の年には社倉米を諸方に与えることに慣れていた正之ならではの気配りであろう。

正之とこの時代の幕閣たちがプロデュースした幕府の安定期は、古代ローマの全盛時代が「ローマの平和（パックス・ロマーナ）」と称えられるのを模して「徳川の平和（パックス・トクガワーナ）」といわれることがある。あるいはこのパックス・トクガワーナの時代が幕を上げたのは、幕府従来の武断政治を人道的な文治政治に改めつつあった正之が、被災者たちを何としても救う、と決めた一瞬であったかも知れない。

難民たちの救済に成功したならば、つぎは焼失家屋の再建を幕府の指導のもとに推進する、と発想するのが政権担当者の志向すべき方向である。正之は家を失った町方の者たちに対しては計十六万両を、おなじく旗本御家人たちに対しては居宅作事料を与える、と触れ出そうとした。

「それでは御金蔵がカラになってしまいましょう」

と異議を唱えた者もいたが（おそらく幕閣）、そのときの正之の対応は左のようなものであった。

「惣て官庫の貯蓄と云ふものは箇様の時に下々へ施与し士民を安堵せしむる為めにして、（出費は）国家の大慶とする所なり、むざと積置しのみにては、一向蓄なきと同然なり、当年の如き大火は古今不聞及儀、早々発せらるゝ様致度由、其理を詳に仰られ、遂に其通に行はれたり」（『千載之松』）

『厳有院殿御実紀』の記述はやや違っていて、幕府が市井の者たちへ与えたのは銀一万貫目、旗本御家人たちへ与えたのは恩貸金（十年年賦で返済）と賜金（特別支給）の二種類だったとして、恩貸金の下限は一万石から一万五千石取りの者たちへの百貫目、上限は八万六千石から九万九千石取りの者たちへの三百貫目だったとしている。賜金の方は百石から百四十石取りまでの者には十五両、九千五百石から九千九百石取りには七百二十五両、と何段階にも区分されていて、もちろん蔵米取りの者たちへの支給もあった。

右のように区分された者の総人数が示されていないので支出総額は算出不可能だが、この莫大な出費によって幕府財政が大赤字になることだけははっきりしていた。そこで勘定方の役人は諸大名からの借米によって急場をしのごうと考え、幕閣たちに諮(はか)った。

だが、正之はこの策には反対であった。幕府が諸大名に借米を乞うては相対的に大名たちの権威が上がり、幕府のそれは下がって幕権の衰微につながる、将軍家への献上品、老中ほかの役人たちへの贈り物の習慣などを止め、倹約に努めればよいとして、正之は万事手軽に、と定めるだけにした。

ちなみにこの恩貸金の制度の決定は、家綱の正史では二月九日のこととされている。鎮火後二十日もたたずにこのように思い切った政策を実行した正之たちの速やかな決断力は、高く評価したい。

対して平成二十三年（二〇一一）五月二十三日、すなわち東日本大震災の二カ月半後に制定された復興緊急保証制度は、特定被災区域の中小企業経営者に安定資金を融通するための救済措置だが、平成三十年以降も継続される由。もっと即戦即決すべし、と正之なら舌打ちするところなのではあるまいか。

これにもまして興味深いのは、この大火によって江戸城内の宝物蔵も焼け、天下の名物や徳川家の重宝が失われたことをなるべく内密にしておこう、と幕閣たちが評議しているのを耳にしたときの正之の反応である。
「その儀には及びますまい。この大火に際して凶徒あらわれざるは国家の幸福、器財の焼失は惜しむに足らず。しかも、焼失した宝がまだあるようなふりをしていると、後世その咎めを受ける者があるかも知れません」（『会津松平家譜』大意）
実際に起こった事実を国会で突きつけられても「私は知りません」「記憶にありません」などと言い逃れに汲々とする政治家や官僚たちは、つねに正論の人であった正之と比較するとひどく見劣りするではないか。

慰霊と米価安定のため服喪を辞退

時計の針を鎮火四日目の一月二十四日にもどすと、この日は二代将軍秀忠の祥月命日だったため、正之が家綱の名代としてその御霊屋のある芝の増上寺に参拝した。その帰途、京橋辺にさしかかるとまだ焼死者が道ばたにおびただしく積み置かれ、通りをふさがんばかりになっていた。そこで正之が高橋市郎左衛門に浅草の焼死者の数を調べさせると、京橋の三分の一ほどの死骸があるという。

これを聞いて正之はただちに登城し、家綱に直訴した。

「公方様を慕って江戸へ集まって来た者たちが横死いたしたとは不便の至り、願わくば公儀より死骸を一カ処に取り納めるよういたしたく存ずる」(『家世実紀』第一巻大意)

老中たちもこれに賛成したので、とりあえず遺体九千六百五十三柱を本所牛島に集め、合葬することになった。名づけて「万人塚」。今日の回向院の初めだが、芝増上寺の末寺とされる同院は寺号を「諸宗山無縁寺」という。死者を宗派によって差別しない、無縁仏の埋葬も引き受ける、という宏大な慈悲心を示したこの寺を建立したのも正之であったことは覚えておきたい。

さて、この万人塚への焼死者合葬を決定したあと、正之はようやく家族たちの避難先である品川の東海寺へ向かった。芝邸が類焼したため、こちらには正之の継室お万の方をはじめ、次男正頼、四男正経、五女石姫、五男正純らが身を寄せているはずであった。

しかし、あろうことかこのとき正頼は死の床に臥していた。十九日に芝邸が炎上したと知った正頼は、消火のために立ち働いたことから風邪を引き、それをこじらせてしまったのだ。二月一日死亡、享年十八。

翌日、家綱が小姓組番頭内藤出雲守を上使として弔問させると、正之は答えた。

「大火後上下安堵せず、実に大事の時なり、我等一子を喪ひたるは夫迄の事なり、今大事に臨み一分の悲嘆に沈み、可籠居時に非ず、忌御免なされたらば、速やかに出仕すべし、御執成頼入る」

「忌御免」とは忌中と称して服喪しなくてよい、という命令のこと。正之はなすべきことが山積しているから、自分は家綱が忌御免と命じてくれればすぐに登城してこれまで通り幕政に与る、と申し入れたのである。

正之の長男幸松は夭折していたため、次男の正頼こそは将来会津藩保科家を相続すべき存在であった。そのあまりに早い死に立ち会わざるを得なかった衝撃によく堪えて忌御免を願った正之にとり、

「此の時に臨みて私邸妻孥を顧るに暇あらず」

ということばは、まさしく無私の心のいわしめた肺腑の言であったのだ。

こうして政治の表舞台に復帰した正之が直面した大問題は、米価の急騰であった。幕府は、一月二十一日のうちに金一両につき米七斗より高く売るなと決定。窮民への施米も二月四日までつづけることにし、在府中の大名たちは帰国させ、今年江戸へ参勤する予定の者たちには六月まで在国するように伝達した。このようにして江戸の人口を減らしてしまえば、米の需要が

減るから米価は下がる。

実際、江戸の米価はにわかに下がって低所得層を安堵させたのだが、この時代の大名たちの中には、需要と供給との関係が物価を決める、という経済学の初歩すらまだわかっていない者たちもいた。代表は、紀州和歌山藩主徳川頼宣。

このようなときに在国の者たちをすべて江戸へ呼び寄せて変に備えることこそ忠義なのに、諸大名の過半数を帰国させたり参勤を中止させたりするとは心得がたい。そう抗議した頼宣には、正之に代わって松平信綱が答えた。

「今度の大災。諸大名の邸宅類焼し居所もなければ。就封せしめ発程（出発）すれば。品川。板橋よりもはや家あれば。居宅を上より下されしも同事なり。又府内米蔵すべて焼たれば。大名大勢の人数をもて在府すれば。すべて食物に事かき。飢民も多かるべし。よ（り）ていづれも府の人口を減少せしめしは。飢民を救ふ一端なり」（『厳有院殿実紀』）

頼宣は初めて需要と供給の関係に気づき、「手を打て嘆賞」（同）したという。

また同書によれば、正之が旗本御家人たちに恩貸金と賜金とを与えたという話は、耳聡い商人たちの聞きつけるところとなった。金があるなら、米を買ってくれる。そう当てこんだ商人たちがこぞって諸国の米を江戸へ廻漕したため、ほどなく米は江戸に充満して米価が下がり、江戸っ子たちも飢餓の淵を脱することができた。

江戸時代を通観した場合、三度の改革がおこなわれたことは高校日本史の教科書にも書いてある。徳川八代将軍吉宗による享保の改革、老中松平定信による寛政の改革、おなじく水野忠邦による天保の改革。これらはまとめて「江戸の三大改革」といわれるが、評価できるのは享保の改革のみであり、禁止条項ばかりがやたらに多かった後二者は景気の沈滞を招いた。

賄賂（わいろ）政治といわれながらも、田沼意次（おきつぐ）の重商主義的経済政策に庶民の人気が集まったのは、その正反対の現象といえる。

そのような意味で、享保の改革より半世紀も前に市場原理をよく理解し、明暦の大火発生直後の危機管理に巧みに応用してみせた正之は、まことに時代に稀な人物であった。

第七章

「不燃都市」江戸の誕生

新しい江戸を造る

江戸市街の六割以上が焼野原となった以上、政権担当者である幕府がなすべき大事業のメインは江戸の復興でなければならない。

しかし、単なる復興では元通りの、大火に弱い江戸が甦る(よみがえる)だけだから、保科正之をはじめ松平信綱、阿部忠秋の両老中と賢者のそろっていた幕閣は、江戸城の防火力を高めると同時に江戸自体をより火に強い「不燃都市」として再生させよう、と考えた。

罹災(りさい)直後の一月二十七日、大目付北条氏長と新番頭(しんばんがしら)渡辺綱貞に洋式測量による精密な江戸総図(城中ならびに府内市井図)の作成を命じたのが、この新都市計画のための第一歩であった。

これまでの武家政権にとって、絵図(地図)は軍事用のものとされていたため、江戸っ子たちは江戸という大都市の輪郭がよくわからないまま暮らしていた。大火のために家から逃れるとすぐに道がわからなくなってしまい、結果として焼死する者が少なくなかった理由のひとつは、手近に江戸絵図がなかったことにある。

こうして江戸総図が書肆(しょし)遠近(おちこち)道印から刊行され、新都市計画がスタートした。『東京百年史』

第一巻は、その主要部分を八項目に要約している。

（一）江戸城郭内にあった大名屋敷がすべて郭外に移転させられたのをはじめとする大名・旗本屋敷の移動および下屋敷の下賜。

（二）八丁堀・矢の倉・馬喰町、神田辺にあった寺院の深川・浅草・駒込・目黒などの周辺地域への移転。

（三）（一）および（二）に伴う町屋の霊岸島・築地・本所などへの移転。

（四）焼土を利用した木挽町・赤坂・牛込・小石川の沼地の埋立て。

（五）神田白銀町・万町・四日市町の移転と防火堤の設置。

（六）火除明地としての広小路の設置。

（七）主要道路の道幅を六間（一〇・九メートル）から十間（一八・二メートル）に拡張する。

（八）両国橋の架橋、芝・浅草両新堀の開鑿、神田川の拡張など。

以下各項に関して、私なりのコメントを付記する。

（一）は江戸城内にあった徳川御三家などの屋敷を城外に移したもので、江戸城が幕府の政庁兼将軍の御座所であるという特徴を極立せたという意味を持つ。これによって江戸城は軍事基地というよりも中央官庁としての性格が濃厚になり、この変化はパックス・トクガワーナの時代にふさわしいものであった。

（二）の寺院を周辺地域に移す策は、地方の城下町にも例が多い。寺社は塀や堀に囲まれていて必ず水の手があり。多人数を収容することもできるので、城下周辺に配置しておけば防御の第一線となり得るのだ。（五）から（七）の防火堤・火除明地の設置と道路の拡幅は、道の狭いところで火事が起こり、火の粉が飛ぶと、すぐに道の向かい側の家に燃え移ったことから、火の粉の簡単には飛ばない空間を設けたのである。

さらに『東京百年史』第一巻はつづける。

「明暦の大火後、江戸の町家が幕府の奨励もあって家を塗屋造（土壁の家）・土蔵造に改造して火災に備えたことはよく知られているが、その他、店の前に天水桶や砂をおいたり、大小のはしご・竜こし（龍骨車＝手押し消防ポンプ）・釣べ・手桶・鍬・鳶口・水籠の七つ道具などをふだんから整備していた」

夜道を歩いていると、だれか尾行してくる者がいる。そこでさっと身をひるがえして天水桶の陰に隠れ……などといった時代劇によくあるシーンも、明暦の大火前にはあり得なかった光景なのだ。

板塀は土塀に、藁葺きや茅葺きの屋根はやはり燃えにくい瓦葺きに変化したし、われわれのイメージする江戸の景観はこのとき成立したものだったと考えてよい。

両国橋は架ける、天守閣は再建しない

ほかに正之の卓越した発想をいくつか紹介すると、まずは万治(まんじ)二年(一六五九)十二月十三日、隅田川中流の広小路吉川町と対岸の本所元町を結ぶ両国橋を開通させたことが挙げられよう(「贈従三位左中将保科正之事実略」)。

明暦の大火の発生直後、下町の住人たちは荷車や長持に所帯道具を積んで風下から浅草へ逃れた例が多かったため、この方面の川岸でかなりの焼死者が出た。背後から押されて隅田川へ落ち、溺死しているその遺体が江戸湾へ流されてしまうケースもかぞえ切れないほどあったようだ。

というのに、なぜそれまで江戸の浅草と下総(しもうさ)の本所をつなぐ橋がなかったのか。下総方面から江戸へ突入して幕府顚覆を図る輩がいるかも知れないから、ここにあえて橋は架けない。武断派揃いの幕閣はそう考え、江戸っ子たちの交通と物資の流通に役立つ橋を架けようなどとは一切思わなかったのだ。

これは正之が玉川上水の開削にゴーサインを出すまで、そんなに長い上水を掘ってその水路

から敵が侵入してきたらどうするのだ、といっていたのとおなじ発想である。そのため隅田川に架かる橋といえば、家康の江戸入りから四年目、文禄三年（一五九四）に架けられた千住大橋だけであった。

しかし、住人たちの安全を守るためにも両国橋は架けなければならない。右の幕閣たちに対してこう主張し、初めて武蔵国と下総国を橋で結んでみせたのが正之だといえば、この橋がなぜ両国橋と名づけられたかもすんなりと腑に落ちよう。

この万治二年の八月末には江戸城本丸の再建も成り、九月五日、家綱はめでたく西の丸から本丸へ居を復した。

だが、武家政権のシンボルとみなされてきた天守閣だけは再建されなかった。長老の伊井直孝や酒井忠勝は天守閣再建にこだわっていたが、それと知った正之からあるときこうたしなめられてしまったからである。

「天守閣と申すものは織田信長公の時代に造られはじめましたが、さほど要害としての城の利点になるものでもなく、ただ遠くまで見えるというだけのこと。目下は武家と町衆がそろって住居の再建にあたっておりますから、公儀の作事が長引くときは下々の障りになりましょう。かつ、かようなものに国家の財産を費すべきときでもございますまい。当分延期いたしてしか

るべきかと存ずる」（『千載之松』大意）

難民化した庶民への救助米はただちに発出するし、家屋敷を失った庶民と旗本御家人にもためらいなく作業料を与える。死者たちを哀悼するため万人塚は造るし、江戸自体を不燃都市へと改造する。飲料水を確保するために西には玉川上水を掘削するし、東には両国橋を架けて交通の便宜を図る。

しかし、武家政権の象徴でしかない天守閣の再建は当面延期する。

将軍輔弼役――事実上の家綱政権のリーダーとしての保科正之が、明暦の大火対策としておこなったスケールの大きな政治がこれである。

ちなみに江戸城にはその後天守閣が再建されないまま幕末に至り、慶応三年（一八六七）十月十四日、十五代将軍慶喜（よしのぶ）が大政奉還の上表を朝廷に提出。朝廷がこれに勅許を与え、同年十二月九日に王政復古を宣言したことによって江戸城は天下の府城ではなくなった。

明治元年（一八六八）十月に皇居とされ、江戸城から東京城と改称されたこの城に、それから百五十年経とうとしている今日まで天守閣は再建されないままである。これは、公儀の作事が長引くと下々の障りになる、こういうものに国家の財産を費すべきときでもないから再建は当分延期してしかるべし、とした正之の見識が二十一世紀の今日となっても充分な説得力を持っている、ということでもあろう。

しかるに最近、左のように主張する人たちがあるやに聞く。

「スカイツリーが大成功したのだから、今度は新たな東京の観光スポットとして江戸城天守閣を再建しよう」

一時代前の高度成長期、日本人は欧米でエコノミック・アニマルと揶揄（やゆ）されたことがあった。これらの人々もそれに似て商業主義に染まり過ぎた結果、武断政治に別れを告げ、より民政を充実させて武家政権最大の安定期パックス・トクガワーナへの道を歩みはじめた正之たちの清廉潔白な心を理解できなくなっているようだ。

あえて繰返すと、正之は会津藩主としては領民たちが幸福な人生を送れるよう年貢率を下げ、苛斂誅求（かれんちゅうきゅう）のおこなわれやすい上級藩士の地方知行制度を廃止。社倉制度、掛金なしの国民年金にひとしい老養扶持制度や救急医療制度などを藩政に導入したことにより、民口が年々増加して国力を強化する、という理想的な国作りをすることができた。

会津藩主というポストを現代の福島県知事にたとえるなら、将軍輔弼役として幕閣を指導した正之の幕政における立場は総理大臣そのものである。どちらの立場においても人道主義を旨とし、私心を捨て、発想力豊かな政策の数々を推進して人々を感嘆させた保科正之は、右のたとえでいうならば福島県知事兼総理大臣として成功した歴史上唯一の存在である。

私は人生の三十年以上を史伝文藝の執筆に費やしてきたが、なかで最大の驚きと喜びを感じたのは、保科正之と出会い、庶民たちの鼓腹撃壌を理想とした幾多の政治的手法を知ったときであった。

そんなことを思い出しながら執筆を進めるうちに規定枚数に達してしまったので、今回はこれをもって擱筆とする。

おわりに

平成十年（一九九八）に文藝春秋から刊行した長編小説『名君の碑 保科正之の生涯』（現在、文春文庫）の「あとがき」では、正之の業績を九カ条に分類して示しました。

「一．家綱政権の『三大美事』の達成（末期養子の禁の緩和、大名証人〔人質〕制度の廃止、殉死の禁止）。

二．玉川上水開削の建議。

三．明暦の大火直後の江戸復興計画の立案と、迅速なる実行（ただし、江戸城天守閣は無用の長物として再建せず）。」

これは将軍輔弼役としての功績ですから、つぎには会津藩主としての偉業を見ましょう。

「四．幕府より早く殉死を禁止したこと。

五．社倉制度の創設（以降、飢饉の年にも餓死者なし）。

六．間引きの禁止。

七．本邦初の国民年金制度の創設（身分男女の別を問わず、九十歳以上の者に終生一人扶持〔一日につき玄米五合〕を給与）。
八．救急医療制度の創設。
九．会津藩の憲法である家訓十五カ条の制定。」

本文では紙数の関係で「一」の傍点部分と「四」「九」には触れられませんでしたので、ここに補記します。

大名証人制度とは、大名が正室と長男を常時江戸屋敷に住まわせておく制度のこと。これは江戸参勤をおえて帰国した大名が反逆などしたら、幕府が正室と長男を人質に取るという非人情な制度でした。正之は寛文五年（一六六五）七月十三日、家康の五十回忌を記念してこの制度を廃止させたのです。

諸藩の中で一番早く殉死を禁じたのは水戸藩で、寛文元年（一六六一）七月二十九日、二代藩主徳川光圀が初代の頼房への追腹を禁じたのでした。対して正之が藩法に殉死の禁を謳ったのは同年閏八月六日のことですが、こちらは正之が死んだ場合だけでなくだれに対する殉死も禁じていた点で継続性のある藩法となってゆきました。幕府が「武家諸法度」に殉死を禁じると付記したのは寛文三年（一六六三）五月二十三日のことで、これは正之と光圀がこもごも建議したところを受け入れたのです。
寛文八年（一六六八）四月十一日、五十八歳の正之が定めた「会津藩家訓」十五カ条は、その第一条に最大の重みがあります。

一・大君の儀、一心大切に忠勤を存ずべく、列国（諸藩）の例を以て自ら処るべからず。若し二心を懐かば、則ち我が子孫にあらず、面々決して従うべからず（『会津若松史』第二巻）。

異母兄家光が高遠三万石の小大名に過ぎなかった自分を大身の大名に引き上げ、かつ幕政参与を命じて活躍の場を与えてくれたことを、正之は生涯感謝しつづけました。そこから正之は徳川幕府に対して一種独自の報恩思想を抱くに至り、自分の死後、会津藩を相続する者も自分とおなじく諸藩以上の奉公を心掛けよ、と命じたのがこの第一条です。
臨終間際の家光から「託孤の遺命」を拝したことによって正之は家綱政権の指導者となったのでしたが、本文中に示したように正之は慶安元年（一六四八）正月以来江戸に滞在して家光の死と家綱政権の誕生に立ち会いました。

では、その後いつ会津へ帰国したのかというと、寛文十年（一六七〇）四月、家綱から休暇を与えられた六十歳のときのことでした。正之は「託孤の遺命」を守って何と足掛け二十三年間も江戸に滞在しつづけ、後世、家綱政権の三大美事と称えられる政策その他をプロデュースしていったのでした。

しかし、このとき正之は書物や書類の読み過ぎで白内障にかかっていたばかりか労咳（ろうがい）（結核）も病んでいて、会津の緑豊かな風景を眺めることができない身となっていました。

「六十になるもの目（め）しひて（盲いて）古郷（ふるさと）へ帰る」

と詞書（ことばがき）し、正之の詠んだ一首が『千載之松』に記録されています。

見ねばこそさぞな気色のかわ（は）るらめ六十になりてかへる故郷（ふるさと）

同年十月ふたたび出府、寛文十二年（一六七二）五月にまた会津へ帰った正之の目的は、猪苗代（いなわしろ）の磐梯山（ばんだいさん）の麓（ふもと）の見禰山（みねやま）に自身の寿蔵（じゅぞう）（墓地）を定めることでした。同年十二月十八日に江戸で六十二歳の生涯をおえた正之は、土津（はにつ）霊神の神号を与えられ、あけて延宝三年（一六七三）三月二十七日、この寿蔵に葬られました。今日の土津神社奥津城（おくつき）がこれです。

私もどこかの企業に勤務していたらとうに定年になっている年齢ですが、昔は職を辞して引退することを「骸骨を乞う」といいました。これは、主君に捧げつくした身の残骸を乞い受けて去るということ。正之のように前将軍との約束を守って足掛け二十三年間も政務に没頭し、粛々と骸骨を乞うことのできた日本人はほかにはおりません。

私としては、今回は前半で仁科盛信家と保科家の関係、正之の人事の巧みさなどを詳しく分析し、研究を一歩進めることができました。

このような機会を与えて下さった自由社社長植田剛彦氏と同社の編集長榎本司郎氏、そして私の手書き原稿をパソコンに打ち込んでくれた加藤摩耶子に感謝を表します。

平成二十九年（二〇一七）葉月

中村彰彦

中村 彰彦 なかむら あきひこ

1949年、栃木県生まれ。東北大学在学中に「風船ガムの海」で第34回文學界新人賞佳作入選。1987年「明治新選組」で第10回エンタテインメント小説大賞を受賞。1993年『五左衛門坂の敵討』で第1回中山義秀文学賞を、1994年「二つの山河」で第111回直木賞を、2005年『落花は枝に還らずとも』で第24回新田次郎文学賞を、また2015年には第4回歴史時代作家クラブ賞実績功労賞を受賞。近著に、『花ならば花咲かん』『戦国はるかなれど』『疾風に折れぬ花あり』『幕末「遊撃隊」隊長　人見勝太郎』『熊本城物語』『歴史の坂道』など。

＜中村彰彦　史伝シリーズ2　歴史の裏に真あり＞

保科正之　博愛と果断の大名政治家

2017年10月7日　初版発行

著　　者　中村 彰彦

発 行 者　植田 剛彦

発 行 所　株式会社 自由社

〒112-0005 東京都文京区水道2−6−3

TEL 03-5981-9170　FAX 03-5981-9171

印刷製本　シナノ印刷株式会社

ISBN 978-4-908979-05-7　C0021

URL http://www.jiyuusha.jp/

Email jiyuuhennsyuu@goo.jp